FACULTÉ DE DROIT DE GRENOBLE

# DES

# SECONDS MARIAGES

### EN DROIT ROMAIN ET EN DROIT FRANÇAIS

## THÈSE POUR LE DOCTORAT

Soutenue le 10 Juillet 1880

### PAR FERNAND GOUROUAT

AVOCAT A LA COUR D'APPEL
LAURÉAT DE LA FACULTÉ CATHOLIQUE DE DROIT DE LYON
LICENCIÉ ÈS LETTRES

LYON

TYPOGRAPHIE ET LITHOGRAPHIE DE J. GALLET

Rue Boulard

1880

FACULTÉ DE DROIT DE GRENOBLE

# DES
# SECONDS MARIAGES

### EN DROIT ROMAIN ET EN DROIT FRANÇAIS

## THÈSE POUR LE DOCTORAT

Soutenue le 30 juillet 1880

## PAR FERNAND GOURDIAT

AVOCAT A LA COUR D'APPEL

LAURÉAT DE LA FACULTÉ CATHOLIQUE DE DROIT DE LYON

LICENCIÉ ÈS-LETTRES

## LYON

TYPOGRAPHIE ET LITHOGRAPHIE DE J. GALLET,

Rue Bouteille, 2.

1880.

# FACULTÉ DE DROIT DE GRENOBLE

MM. GUEYMARD, doyen, professeur de Droit commercial.
TROUILLER ❀, professeur de Code civil.
LAMACHE ❀, professeur de Droit administratif.
VALABRÈGUE, professeur de Procédure civile.
TESTOUD, professeur de Code civil.
GUÉTAT, professeur de Législation criminelle.
TARTARI, agrégé, chargé d'un cours de Droit romain.
PIERRON, agrégé, chargé d'un cours de Droit romain.
RAMBAUD, chargé du cours d'Economie politique.
BEAUDOIN, chargé des fonctions d'agrégé.
ROYON, secrétaire, agent comptable.


**SUFFRAGANTS :**

MM. TROUILLER, *Président*.
GUEYMARD, doyen.
LAMACHE, }
TESTOUD, } *Professeurs.*
TARTARI, *Agrégé.*

*Meis et Amicis*

# ÎNTRODÙCTION HISTORIÔÛË

Lorsque l'on étudie les diverses législations de l'antiquité, on remarque combien chez tous les peuples le mariage était en honneur. Partout on le recommandait, partout on en faisait une obligation légale, une sorte de dette envers l'Etat. Aussi des peines étaient-elles prononcées contre les célibataires; ici on les frappait de certaines incapacités, là on les condamnait à de fortes amendes, ailleurs ils pouvaient être l'objet d'une action publique. Bien plus, leurs parents eux-mêmes étaient quelquefois atteints, et la loi hébraïque privait de la puissance paternelle le père qui négligeait de marier sa fille nubile.

Mais cela ne suffisait pas, il fallait avoir des enfants et le plus possible; car, alors, le premier mobile pour ne pas dire le but unique du mariage était le désir d'une postérité (1). Ceci nous explique des dispositions vraiment fort curieuses, les unes règlementant en quelque sorte le devoir conjugal, d'autres accordant une action pénale contre le mari qui délaissait sa femme pendant un mois entier (2).

En résumé, donner le plus grand essor possible au

(1) Lois de Manou, IX, 26. — Menandre, fr. 185. — Aulu Gelle, XVII, 21.
(2) Plutarq. Eroticus, 23.

développement de la population, tel était le désir des lois
anciennes, et, pour cela, elles prohibaient le célibat, elles
punissaient les unions stériles, elles accordaient de grands
priviléges aux pères de famille. Quant à la femme, on peut
dire d'elle avec M. Paul Gide (1), et cela sans aucune
exagération : « Que dans l'antiquité tout son emploi ici-
bas se réduisait à donner à l'homme des enfants et à
perpétuer l'espèce humaine. »

Avec de telles idées sur le but du mariage et sur le rôle
de l'épouse, les secondes unions ne pouvaient être vues avec
défaveur ; tous les législateurs les encouragent, lorsqu'ils
ne vont pas jusqu'à les ordonner. Un seul semble opposé
aux seconds mariages, et encore ce n'est que dans le cas où
le premier est dissous par la mort, car il autorise très-bien
le divorce et la polygamie. Manou (2) recommande à la
veuve de ne pas même prononcer le nom d'un autre
homme après le décès de son mari. « Qu'elle amaigrisse
son corps, dit-il, en se nourrissant de fleurs, de fruits et
de racines, qu'elle reste chaste et sobre et se voue
aux pratiques religieuses. » Mais nous voyons bientôt
apparaître les préoccupations dont nous parlions tout à
l'heure. Si la première union a été stérile, la veuve doit se
remarier avec son beau-frère ou à son défaut avec un autre
membre de la famille. L'enfant qui naîtra prend le nom du
défunt et devient son héritier (3) ; du reste, même de son
vivant, le mari peut, en cas d'impuissance physique, céder
ses droits à son frère.

Cette institution, que l'on appelle le lévirat, se retrouve
chez presque tous les peuples d'Orient ; mais c'est dans la
loi hébraïque qu'elle prit son plus grand développement.

Non-seulement, pour rendre les unions plus fécondes,

(1) Paul Gide. Etud. sur la cond. priv. de la femme.
(2) Lois de Manou, V, 156, 157.
(3) Ibid, IX.

Moïse permettait la répudiation (1) et la polygamie (2), mais dans certains cas il ordonnait à la veuve de contracter un nouveau mariage.

La femme d'un Hébreu faisait en quelque sorte partie de sa succession. L'héritier, c'est-à-dire son beau-frère, avait donc un droit sur elle, tout comme sur le reste du patrimoine ; mais de son côté elle pouvait exiger qu'il l'épousât dans les six mois. La loi s'exprime ainsi à ce sujet (3). « Lorsque deux frères demeurent ensemble et que l'un d'eux sera mort sans enfants, la veuve n'en épousera point d'autres que son beau-frère. Celui-ci la prendra pour femme et suscitera des enfants à son frère ; et il donnera le nom de son frère à l'aîné des fils qu'il aura d'elle, afin que ce nom ne soit pas éteint en Israël. » Quelquefois le frère négligeait de remplir ce devoir ; dans ce cas, lorsqu'il avait été reconnu que la veuve n'était pas enceinte, ils comparaissaient tous deux, à jeun, devant trois témoins et deux juges (4). Ceux-ci demandaient au frère s'il ne voulait pas épouser sa belle-sœur. Persistait-il dans son refus, la femme devait alors s'écrier : » Le frère de mon mari ne veut pas susciter dans Israël le nom de son frère, ni me prendre pour sa femme. » Puis elle s'approchait de lui, lui enlevait son soulier, lui crachait au visage en disant : « Ainsi sera traité celui qui ne veut pas établir la maison de son frère. » Aussitôt les juges et toute l'assemblée répétaient par trois fois : « Son soulier est déchaussé. » Enfin on relatait ce qui venait de se passer dans une sorte de procès-verbal que l'on appelait, acte du déchaussé.

Les commentateurs se sont demandé quel était le sens de la cérémonie symbolique que nous venons de décrire.

(1) Deuteronome, XXIV, 1.
(2) Exode, XXI, 7.
(3) Deuterenome, XXV. 5.
(4) Commentaire de dom Calmet.

Enlever la chaussure, disent-ils, indique la renonciation que le beau-frère fait à l'héritage de son frère et à la main de sa belle-sœur. De même que la prise de possession se faisait en avançant un pied et en imprimant sa marque dans un terrain ; ainsi se déchausser signifiait qu'on abandonnait ses droits.

Comme on le voit, celui qui voulait venir à la succession de son frère était obligé de prendre la veuve comme les autres biens. Cependant si le défunt avait laissé plusieurs femmes, il lui était loisible de n'en choisir qu'une. Du reste il y avait une hypothèse où il pouvait sans honte et sans préjudice renoncer au mariage avec sa belle-sœur, c'est lorsque celle-ci était enceinte à la mort de son premier mari (1).

Telle était cette institution du lévirat que certains auteurs ont tant critiquée, la traitant de coutume barbare et immorale. A notre avis, elle se comprend très-bien, si l'on réfléchit que, pour les peuples orientaux, mourir sans postérité, laisser une maison déserte, ne pas perpétuer son nom et sa race était considéré comme le plus grand des malheurs. D'autre part, il ne faut pas oublier qu'une seconde union n'était imposée que si la femme n'avait pas d'enfants ; mais alors il était à croire qu'elle n'eût pas tardé à se remarier. Par le lévirat, suivant une remarque spirituelle, « on conciliait le penchant naturel de la jeune veuve vers un second mariage et son devoir de fidélité envers la mémoire du défunt. »

Nous retrouvons, chez les Grecs, les mêmes idées sur la femme et le mariage que dans les législations asiatiques ; toutefois la polygamie est interdite. A la vérité, d'après Diogène de Laërce (2), à la fin de la guerre du Peloponnèse,

(1) Selden. Uxor hebraïca.
(2) Vie de Socrate, 6.

il aurait été permis aux Athéniens d'avoir deux femmes légitimes. Rien ne prouve la véracité de cette assertion ; dans tous les cas, il est certain que cette disposition n'était que momentanée et cessa du jour où furent comblés les vides faits dans la population par la guerre et les épidémies. Quelles étaient les lois de Sparte sur ce point ? Il est difficile de le dire en l'absence de documents sérieux ; ce que l'on peut affirmer, c'est que le lévirat y était en vigueur (1).

De ce que la monogamie existait chez les Athéniens, il ne faudrait pas conclure à l'indissolubilité du lien conjugal. Le divorce était en grand honneur ; la femme pouvait en bénéficier dans certains cas (2); quant au mari, il était toujours libre de répudier son épouse, et n'avait d'autres règles que son bon plaisir. Bien plus, il avait le droit de la donner par acte testamentaire comme n'importe quel autre objet. C'est ainsi que le frère de Démosthène légua sa femme Cléobulée à un de ses amis nommé Aphobos (3). Du reste si le défunt n'avait pas disposé de sa veuve, elle n'en était pas plus libre pour cela. Elle retombait sous l'autorité de son plus proche parent qui devenait son tuteur et pouvait ou se marier avec elle, ou la léguer à un autre ; lorsqu'il n'y avait que des parents éloignés, c'était à l'archonte qu'il appartenait de trouver un mari (4).

Ainsi donc, dans tous les cas, la veuve était condamnée à contracter une nouvelle union ; pour que cela fût plus facile, Solon avait posé un principe que nous retrouvons à Rome, c'est que la dot devait lui être restituée. On trouvait ainsi plus vite un nouvel époux ; mais il arrivait, quel-

(1) Xenophon. Gouvern. de Lacédém.
(2) Plutarq. Vie d'Alcibiade.
(3) Demosthène. Contre Aphobos.
(4) Demosth. Contre Stephanos.

quefois, que, celui-ci, comme pour la mère de Démosthène, gardait la dot et renvoyait la femme.

En somme, c'est dans les lois d'Athènes que, pour la première fois, la dissolution du premier mariage est exigée comme condition du second. Toutefois, si la monogamie existe, elle est encore bien imparfaite, puisque chaque citoyen peut, en outre de sa femme, avoir une concubine. N'y a-t-il pas là deux mariages simultanés, surtout alors que le père a le droit de légitimer les enfants de cette concubine pourvu seulement qu'elle soit Athénienne (1).

Nous arrivons enfin à la législation romaine que nous étudierons d'une manière approfondie, car nous y voyons apparaître peu à peu un ensemble de règles sages et protectrices qui sont l'origine des dispositions de notre droit civil sur les secondes noces.

Et maintenant une dernière question se présente, faut-il encourager les seconds mariages, faut-il au contraire les entraver? Si l'on se place à un point de vue moral, la fidélité conjugale doit en quelque sorte survivre à la mort et l'on ne saurait trop approuver l'époux qui garde éternellement le souvenir de l'époux défunt. Malheureusement il n'est pas donné à tous d'arriver à ce degré de perfection ; l'âge, le sexe, le tempérament, les conditions particulières dans lesquelles on se trouve, tout peut pousser à une nouvelle union, la motiver même quelquefois. Saint Paul le comprenait bien lorsque prêchant aux veuves la continence, il prenait soin de dire que c'était là un conseil de perfection évangélique et non un précepte rigoureux. Et comme le grand apôtre faisait la part des passions humaines quand il s'écriait ensuite (2) : « *Melius est nubere quam uri !* »

Ce que la religion permet, une loi sage ne saurait le

(1) Diogène de Laërce, II, 26.
(2) Epist. I, ad Cor., cap. VII, 9.

défendre. Les secondes unions doivent donc être autorisées en principe, mais il est nécessaire de les réglementer avec beaucoup de soin. Tout en laissant le plus de liberté possible à l'époux qui se remarie, il faut le protéger contre ses propres entraînements, il faut sauvegarder les droits des enfants d'un premier lit ; certaines mesures, enfin, doivent êtres prises dans l'intérêt de la morale et de la société.

Rechercher les inconvénients des seconds mariages, étudier les remèdes qui y ont été apportés tant à Rome que dans l'ancien droit français et dans notre législation moderne, examiner si les législateurs ont atteint le but qu'ils se proposaient, tel sera l'objet de cette étude.

# DROIT ROMAIN

---

## CHAPITRE PREMIER

---

### Des conditions requises pour la validité des secondes noces.

Nous passerons sous silence tout ce qui a trait à la puberté, au *connubium*, au consentement, pour n'examiner que les règles spéciales aux secondes unions.

Parmi ces dispositions, la première et la plus importante est que pour contracter un nouveau mariage le précédent doit être dissous par un des modes fixés par la loi. C'est là une chose digne de remarque, que de tous les peuples de l'antiquité, les Romains soient les seuls qui aient rejeté la polygamie d'une manière absolue. La raison en est qu'ils considéraient le mariage sous un aspect bien plus élevé et bien plus moral. Aussi les mœurs purent se corrompre, la simplicité des premiers temps put disparaître, on respecta toujours le principe de l'unité du lien conjugal; et alors que Rome donnait au monde le triste spectacle de l'immo-

ralité et de la dégradation, le poëte (1) avait encore le droit
de s'écrier :

> Barbara nobis
> Est ignota Venus, quæ ritu cæca ferarum,
> Polluit innumeris leges et fædera tæda
> Conjugibus.

Non-seulement la polygamie ne fut jamais dans les
mœurs romaines (2), bien plus elle était réprimée par les
lois. Le préteur déclarait infâme celui qui contractait un
second mariage avant la dissolution du premier (3), et dans
le cas où l'époux coupable était *alieni juris*, la peine était
prononcée contre le père qui avait ordonné le mariage ou
ne s'y était pas opposé.

Mais il ne faudrait pas croire que de tout temps il en fut
ainsi. Ce n'est que lorsque la loi Julia *de adulteriis* règle-
menta le divorce en le soumettant à certaines formes
solennelles, qu'il devint possible d'atteindre le bigame.
Comment y serait-on parvenu auparavant, alors que même
à l'époque de Cicéron (4), on discutait encore si le divorce
pouvait résulter d'une manifestation tacite de la volonté,
par exemple, d'un second mariage que le mari aurait contracté sans avoir tout d'abord répudié sa première femme ?

Sous les empereurs chrétiens, le bigame déjà frappé par
l'infamie fut encore puni par une peine laissée à l'arbitraire
du juge (5).

L'union contractée par une personne déjà mariée ne
produisait aucun effet légal ; il n'y avait là qu'un *coïtus*
duquel on peut dire avec les Institutes : « Nec vir, nec

(1) Lucain. Phars. V.
(2) Gaïus. I, 63.
(3) L. 1, 13, § 1, 2, 3. D. *de his qui inf. not.*
(4) *De orator.* I, 40.
(5) Loi 2, C. *de inc. nupt.*

uxor, nec nuptiæ, nec matrimonium, nec dos intelligitur » (1).

Toutefois quelques auteurs, notamment M. Maynz (2),
décident que si la personne à laquelle le bigame se marie
ignorait l'existence de la première union, le mariage produira ses effets tant à son égard qu'à celui des enfants qui
pourront naître. Ceux-ci seront donc considérés comme
légitimes, et l'époux de bonne foi jouira de tous les droits
qu'un mariage valable lui assurerait. En un mot, le mariage
putatif aurait existé en droit romain.

Malheureusement, ce système, en outre des arguments
d'équité qui n'ont pas une bien grande valeur, ne s'appuie
sur aucune disposition formelle. On invoque bien quelques
textes (3), mais ces décisions ont été rendues en matière
de mariage incestueux ou dans des circonstances exceptionnelles, rien ne permet donc de les étendre à notre
hypothèse et d'établir sur eux une théorie complète du
mariage putatif.

Les différentes causes de dissolution du mariage admises
par la loi étaient : la mort, le divorce, la captivité de l'un
des époux, ou tout autre servitude.

La perte du droit de cité qui n'est autre chose que la
*media capitis deminutio* avait-elle les mêmes conséquences ?

La question est controversée ; pourtant, si l'on s'en tient
aux principes généraux, elle n'est guère discutable. En
effet, le Romain qui a perdu le droit de cité devient un
pérégrin ; or ces derniers n'ont pas le *jus connubii*. D'autre
part, comment admettre que des condamnés qui certainement perdent la *patria protestas* sur leurs enfants

(1) Inst. *de nupt.*, § 1.
(2) Cours de dr. rom., tom. III.
(3) Loi 57, § 1. D. *de rit. nupt.* — Loi 22, § 12. D. *de solut.
matrim.* — Loi 4. C. *de incest. nupt.*

conçus avant leur condamnation (1), puissent l'acquérir sur des enfants conçus postérieurement ?

Et cependant il existe des textes d'après lesquels le mariage ne serait pas dissous dans notre hypothèse. C'est ainsi que nous lisons dans la loi 5, § 1, au Digeste, livre XLVIII, titre xx : « Quod si deportata sit filiafamilias, Marcellus ait, quæ sententia vera est : non utique, deportatione dissolvi matrimonium. » De même Ulpien décide (2) que dans le cas où le mari est condamné à la déportation, le mariage n'est pas dissous « matrimonium minime dissolvitur. » La loi 1 au Cod. *de repudiis* donne une solution analogue.

Pour concilier ces décisions avec les principes généraux que nous avons énoncés plus haut, on admet que dans le cas de *media capitis deminutio* de l'un des époux, le mariage subsiste encore mais se transforme en mariage du droit des gens, et encore, pour cela, une condition est absolument exigée par les textes, c'est que le conjoint dont l'état est resté intact, conserve « *l'adfectio maritalis.* »

Ce mariage du droit des gens présente un caractère particulier, c'est que la dot garde son caractère. Le mari est-il condamné, elle n'est pas confisquée ; est-ce la femme, l'action *rei uxoriæ* existe toujours.

Le christianisme avait proclamé bien haut le principe de l'indissolubilité du lien conjugal et saint Paul ne faisait que reproduire une doctrine universellement admise, lorsqu'il disait : « Mulier alligata est legi quanto tempore vir ejus vivit (3). Toutefois les empereurs chrétiens n'osèrent pas rompre brusquement avec des habitudes séculaires ; le divorce était trop ancré dans les mœurs pour qu'il leur fût possible de l'interdire d'une manière absolue.

(1) Inst. I, § 1. *Quib. mod. jus pot. solv.*
(2) Loi 13, § 1. D. *de donat int. vir. et uxor.*
(3) Epist. ad Cor., cap. vii, 39.

Ils le laissèrent donc subsister mais en le restreignant, en le punissant même dans certains cas.

Voici l'ensemble des dispositions de Justinien sur les causes de dissolution de mariage.

La servitude encourue *jure civili* laisse subsister le mariage (1). Cette décision rendue pour la condamnation *ad metallum* fut plus tard généralisée. Il en est de même de la captivité, excepté dans certaines hypothèses que nous examinerons plus tard. Quant au divorce, il n'est autorisé que s'il a lieu pour un motif légitime. Est-il dépourvu de cause, l'époux divorçant si c'est la femme est condamné à la déportation ; si c'est le mari, il ne peut se remarier. En outre, le conjoint coupable perd soit la dot, soit la donation *propter nuptias* ou un quart de ses biens pour le cas où il n'y aurait ni dot ni donation (2).

Si le divorce n'est fondé que sur une cause légère : provient-il de la femme, elle ne peut se remarier ; imputable au mari, il est privé de ce droit pendant deux ans.

Pour ce qui est du divorce par consentement mutuel, Justinien le défend, à moins qu'on ne le demande *propter castitatem*, pour vivre dans la continence (3).

En résumé dans le dernier état du droit, ce n'est qu'à la suite de la mort de l'un des époux ou après certains cas de captivité et de divorce qu'une nouvelle union peut être contractée, mais il faut encore cependant tenir compte des empêchements résultant de l'alliance, empêchements que du reste nous trouvons prononcés pour la plupart dès l'ancien droit.

C'est ainsi que de tout temps le mariage fut prohibé entre personnes alliées en ligne directe. Un homme ne pouvait donc épouser ni la femme de son père, *noverca,*

(1) Nov. XXII, cap. viii.
(2) Nov. CXXVII, cap. iv.
(3) Nov. CXVII, cap. x.

ni la mère de sa femme, *socrus*, parce que, disent les jurisconsultes : « matris loco sunt » (1). De même il lui était
interdit de se remarier avec la fille de sa femme, *privigna*
ou avec la veuve de son fils, *nurus, quia filiœ loco sunt.*

La peine de l'inceste était prononcée contre ceux qui
enfreignaient ces prohibitions, mais à ce qu'il paraît on
n'était pas très-sévère à cet égard. C'est ainsi que
dans son discours pour Cluentius Avitus, Cicéron nous
montre une mère pousser son gendre au divorce et se
remarier avec lui, lorsqu'il eut répudié sa fille. Et plus
tard nous voyons Caracalla épouser sa belle-mère dont le
fils, Géta, avait été assassiné par lui.

Quant à l'alliance en ligne collatérale, elle n'était pas
considérée à l'époque classique comme un empêchement
au mariage. Constance, le premier, en l'an 355, défendit
le mariage entre beau-frère et belle-sœur. Cette prohibition que nous retrouvons dans une constitution des empereurs Valentinien, Théodose et Arcadius (2), fut maintenue par Justinien (3).

Les empereurs chrétiens ne firent en cela que suivre les
prescriptions de l'Eglise qui voyait de telles unions avec
grande défaveur. En effet nous lisons dans le concile de
Néocésarée : « Mulier si duobus fratribus nupserit, abjicia-
tur usque ad mortem. » Malgré toutes ces défenses, les
mœurs de l'Orient resistèrent longtemps à ces innovations,
et l'empereur Honorius lui-même épousa successivement
les deux filles de Stilicon.

Outre ces empêchements résultant de l'alliance il en
existait d'autres basés sur des motifs de convenance, c'est
ainsi que la fille qu'une femme avait eue d'un mariage
subséquent n'était pas la *privigna* du premier mari et

(1) Loi 14, § 4. D. *de rit. nupt.*
(2) Loi 2, C. Th. *de incest. nupt.*
(3) Loi 5. C. *de sec. nupt.*

cependant celui-ci ne pouvait se marier avec elle. Car il est en quelque sorte immoral d'épouser successivement la mère et la fille (1).

Pour la même raison de bienséance, un homme ne devait pas contracter mariage avec une femme fiancée à son père ou à son fils.

# CHAPITRE II

### Du délai pendant lequel un second mariage ne peut être contracté.

Comme nous le disions au début de cette étude, les secondes unions ne sauraient être interdites, mais elles présentent certains inconvénients auxquels il est nécessaire de remédier. C'est ainsi qu'il peut se faire que la femme soit enceinte lors du décès de son mari. S'il lui était loisible de se remarier aussitôt, il arriverait quelquefois que l'on serait dans une grande incertitude sur le père de l'enfant. Supposons en effet qu'une veuve contracte un second mariage quelques jours après la mort de son époux ; elle accouche au bout de huit mois, à qui faudra-t-il attribuer la paternité de l'enfant, qui peut être né des œuvres du défunt comme de celles du nouveau mari ? Le problème est insoluble. Il y avait donc là une situation dont

(1) Loi 12, § 3. D. *de rit nupt.*

le législateur devait se préoccuper ; nous allons examiner les mesures que la loi prenait à cet égard, et pour cela nous passerons en revue les divers modes de dissolution du mariage.

## SECTION I

### LE MARIAGE EST DISSOUS PAR LA MORT DE L'UN DES ÉPOUX.

Si le mari est survivant, il peut se remarier quand bon lui semble. Mais quoique le deuil ne fût pas ordonné par la loi, il n'en devait pas moins être observé. Les convenances, le culte des morts en faisaient une obligation ; il ne fallait pas, par une union trop hâtive, affliger les mânes de celle qui n'était plus. Bien plus, on exaltait celui qui ne voulait connaître qu'un seul amour et méprisait les douceurs d'un autre hymen.

> Ex te major honos unum novisse cubile,
> Unum secretis agitare sub ossibus ignem (1).

Toutefois, à ce qu'il paraît, les veufs inconsolables ne furent jamais très-nombreux à Rome. Comme le disait Ovide qui lui-même s'était marié trois fois :

> Conjugio felix jam potes esse novo (2).

Ils suivirent ce conseil, surtout lorsque ceux qui ne voulaient pas se remarier furent frappés de déchéances pécuniaires. C'était prendre les Romains par leur côté faible, aussi la loi fut bien observée, témoin ce citoyen qui au témoignage de Perse venait d'enterrer ses trois

(1) Stace. Silves, V, 1.
(2) Ex Ponto, IV,

femmes (1). Et cela n'était rien ; Martial nous signale un de ses contemporains qui en avait inhumé sept dans le même champ !

Septima jam, Phileros, tibi conditur uxor in agris.

Le poète ne nous dit pas si ce fut la dernière, mais une chose certaine, c'est que pour ne pas tomber sous le coup des lois caducaires, le pauvre Philéros devait encore se remarier !

Si le veuf pouvait contracter mariage dès qu'il le jugeait à propos, la femme était obligée au contraire de garder le deuil pendant un certain temps. Au témoignage de Plutarque, cette défense remonterait à Numa. « Le roi ne voulut point, nous dit-il, que l'on portast aucunement le deuil pour la mort d'un enfant qui serait décédé au dessoubs de l'âge de trois ans : et au-dessus jusqu'à l'âge de dix ans, il ordonna qu'on ne le portast point plus de mois qu'il aurait vescu d'ans, sans y adjouxter un seul jour davantage ; car il voulut que le plus long deuil fust de dix mois seulement, autant comme il ordonna aussi que les femmes venves demourassent en viduité pour le moins après le décès de leur mari ; autrement celle qui voulait se remarier avant ce terme était tenue de sacrifier une vache pleine » (2).

Nous retrouvons, formulée par le préteur cette prohibition à l'égard de la veuve. Aux termes de l'édit, la femme ne peut contracter une nouvelle union avant d'avoir pleuré son mari pendant un certain délai qui est de dix mois (3). Dans le cas où elle violait cette prohibition, l'in-

(1) Satir. II.
(2) *Vie de Numa* (trad. d'Amyot).
(3) Loi 1. D. *de his qui infam. not.*

famie était prononcée contre certaines personnes dont nous allons parler.

En premier lieu cette peine frappe le père de la veuve coupable qui se trouve en puissance ; mais dans quels cas ? La réponse varie suivant l'interprétation que l'on donne à la loi. Et tout d'abord, voici le texte lui-même. « Infamia notatur, qui eam quæ in potestate ejus esset, genero mortuo, cum eum mortuum esse sciret, intra id tempus quo elugere virum moris est, antequam virum elugeret, in matrimonium collocaverit. »

A première vue il semble qu'il faille rapporter aux mots *in matrimonium collocaverit* tout ce qui précède ; aussi, d'après certains interprètes : Est infâme l'homme qui, sachant son gendre mort, a marié sa fille pendant le délai de deuil consacré par l'usage et avant que ce délai ne fût expiré.

Il est à remarquer que dans cette traduction deux membres de phrase y expriment la même idée ; en effet, les mots « intra id tempus quo elugere virum moris est, » ont un sens identique à celui des mots « antequam virum elugeret. » C'est là une répétition tout à fait inutile. En outre on a fait dire au préteur une absurdité, car en prenant l'hypothèse contraire de celle qu'on lui prête, on en arrive à cette conséquence inadmissible, que celui qui marie sa fille du vivant de son gendre n'est passible d'aucune peine.

C'est avec raison, selon nous, que M. de Savigny rejette une pareille leçon. D'après lui, il faudrait rattacher aux mots « in matrimonium collocaverit » le seul membre « antequam virum elugeret. » Quant au terme « intra id tempus, etc., » il se rapporterait au commencement de la phrase et alors : Est infâme l'homme qui, sachant par la date de la mort de son gendre que le délai de deuil n'est pas écoulé, marie sa fille dans ce délai.

Cette traduction semble peut-être subtile et en quelque sorte tourmentée; elle doit être admise cependant, car elle évite le double emploi que nous signalions tout à l'heure, et, seule, elle donne à l'édit un sens juste et rationnel. Enfin, en reconnaissant un motif d'excuse au père qui, lors du second mariage de sa fille, ne savait pas que son gendre était mort depuis moins d'un an, cette interprétation est en harmonie parfaite avec ce principe que nous allons retrouver : c'est que l'ignorance doit être excusée.

L'infamie était encore prononcée contre le nouvel époux. S'il se trouvait en puissance, le père seul était atteint, et cela non-seulement lorsqu'il avait ordonné le mariage, mais même quand il ne s'y était pas opposé. Toutefois, remarquons-le bien, la peine n'était pas encourue par celui qui ignorait que la veuve se trouvât dans la situation prévue par l'édit.

Quelle espèce d'ignorance était excusée ? Ulpien nous le dit : « Ignorantia enim excusatur non juris sed facti (1). » Malgré cette décision si formelle, certains commentateurs (2) ont prétendu que l'ignorance de droit avait le même effet. D'après eux, il faudrait lire dans le texte que nous venons de citer : « Non juris tantum sed etiam facti. » Rien ne prouve qu'une telle intercalation doive être faite, d'autant plus qu'on en arriverait à faire dire à la loi une chose absolument contraire aux principes (3). En effet, d'après Modestin : « Nonnunquam per ignorantiam delinquentibus jure civili venia tribui solet, si modo rem facti, quis, non juris ignorat (4). »

Il est difficile d'expliquer pour quels motifs le roi Numa

_____

(1) Loi 11, § 4. D. *de his qui inf. not.*
(2) Reinold, opus jur.
(3) Noodt. Comment., tom. II, *de his qui inf.*
(4) Tit. I. Collat leg. mosaïc.

édicta la loi dont nous venons de parler. Voulait-il éviter une *turbatio sanguinis*, était-ce, au contraire, dans un but purement religieux ? Cette dernière supposition est probable, si l'on se souvient que, d'après Plutarque, la veuve qui avait sacrifié une vache pleine pouvait se remarier, même dans le délai de deuil.

C'est que le législateur ne se préoccupait guère de l'incertitude de paternité. Il voulait simplement que le culte des morts fût respecté ; or, par un sacrifice, la femme rendait un dernier devoir au défunt, ses mânes étaient satisfaits, elle pouvait donc, sans crainte, chercher d'autres consolations dans un nouveau mariage.

Pourtant plusieurs interprètes ont soutenu que la loi de Numa contenait deux règles distinctes : la première relative au deuil de certains parents, l'autre qui défendait à la veuve de se remarier avant un certain délai. Ces dispositions n'ont aucun rapport entre elles ; il ne faut donc pas les confondre, disent-ils, ou prétendre que l'une est le motif de l'autre.

Quoiqu'il en soit, il est certain que le préteur, en interdisant à la veuve les mariages prématurés, a voulu éviter une confusion de part. On a essayé de dire que c'était seulement par un motif de convenance et par respect pour les morts ; mais ceci est inadmissible. Et, en effet, comme le remarque fort justement M. de Savigny : « Si la violation du deuil est en réalité la cause de l'infamie, pourquoi le deuil d'autres personnes, telles que les pères et mères et les enfants ne serait-il pas protégé par les mêmes peines que le deuil du mari ? Si même on fait abstraction des personnes, pourquoi le mariage est-il le seul acte considéré comme violation du deuil (1) ? »

Et ce qui prouve que les jurisconsultes romains ne re-

(1) Trait. de dr. r., tom. II, append. VII.

gardaient pas l'obligation de porter le deuil comme la cause
du délai de viduité, c'est qu'un décret de Marc-Aurèle di-
minua la durée de ce deuil, et laissa subsister entière la
seconde défense avec la pénalité attachée à son inobserva-
tion (1).

En résumé, on peut dire que la loi imposait à la femme
deux devoirs : ne pas se remarier pendant un temps fixé,
par crainte de confusion de part, et pleurer certains parents, ce qui consistait à mener une vie retirée et austère.
« Qui luget debet abstinere a conviviis, ornamentis et alba
veste (2). »

La durée du deuil était de dix mois ; le préteur imposa
le même délai à la veuve avant de pouvoir se remarier.
Ulpien nous le dit du reste en termes formels : « Prætor ad
id tempus se retulit quo vir elugeretur, qui solet elugeri
propter turbationem sanguinis (3). »

Des textes nombreux qui, dans l'autre système, seraient
inexplicables, viennent appuyer cette assertion d'Ulpien.
La veuve qui a accouché dans les dix mois peut se remarier avant l'expiration du délai (4) ; pourquoi ? Parce que
la *turbatio sanguinis* n'est plus à redouter. Tant qu'elle
peut exister, l'édit est toujours en vigueur.

C'est ainsi que la femme n'est pas obligée de porter le
deuil de son mari lorsqu'il a été condamné à mort pour
crime de haute trahison ou quand il s'est suicidé : « non
tædio vita sed mala conscientia » (5), et cependant elle doit
observer la prohibition imposée par le préteur, sinon « infamia notabitur. »

Est-ce à dire que la crainte seule d'une incertitude de

(1) Loi 15. C. *ex quib caus. inf.*
(2) Paul. Sent. tit. ult. § 13.
(3) Loi 11, § 1. D. *de his qui inf. not.*
(4) Loi 11, § 2, Cod. tit.
(5) Loi 11, § 3.

paternité soit la cause du délai dont nous nous occupons ?
Quelques auteurs, tels que Schroder, Kœhler le soutiennent, et pour cela ils invoquent les textes que nous venons
de citer.

Cette opinion est peut-être trop absolue. Les Romains
avaient au plus haut degré le culte des morts ; ils les regardaient comme des divinités (1). Il est donc à croire que
le respect dû au défunt, que la piété envers ses mânes
étaient pour quelque chose dans le deuil que le législateur
imposait à sa veuve (2). La loi 6 au Dig. *de ritu nuptiarum*
en est du reste une preuve. Il s'agit d'un homme dans la
maison duquel une nouvelle épouse a été conduite durant
son absence. En rentrant chez lui, au sortir d'un festin, il
tombe dans le Tibre et s'y noie. Sa veuve n'a eu aucun rapport avec lui, il n'y a donc pas à craindre de *turbatio sanguinis*, et cependant, dit Cinna, « lugere debet maritum. »

Dans tous les cas, on est sûr que sous les empereurs
chrétiens le délai de deuil qui alors était de douze mois (3)
fut imposé tant par respect pour le défunt que pour éviter
une incertitude de paternité. Des textes le disent expressément (4). Le prince pouvait toujours relever du délai de
viduité ; seulement, de l'avis de tous les commentateurs,
cette faveur n'était accordée à la veuve qu'après son accouchement, ou bien si l'on avait reconnu qu'elle n'était
pas enceinte. Sous Justinien, cette dispense devait être
demandée ; ainsi fut abrogée cette disposition de Caracalla qui, au dire de Dion Cassius, autorisait le mariage
d'une manière générale, toutes les fois que la veuve se
trouvait dans l'une des deux hypothèses dont nous venons
de parler (5).

(1) Cicér. *de leg.*, II, 22.
(2) Vid. Noodt. Comm. Schülnting. — Not. ad. dig. seu pand.
(3) Loi 2. C. *de sec. nupt.*
(4) Loi 1. C. eod. tit. — Loi 4. C. ad. sct. Tertull.
(5) Dion Cassius. Hist., liv. LIX.

Il est étonnant que parmi les personnes déclarées infâmes en cas de mariage prématuré, la veuve, qui cependant est la principale coupable, ne se trouve pas mentionnée. Faut-il voir là un oubli ? On ne peut guère le soutenir. Beaucoup d'auteurs ont expliqué cette omission en disant que le préteur ne parlait pas de la veuve parce que la peine prononcée par lui n'était pas applicable aux femmes. C'est pour le même motif, ajoutent-ils, que l'édit ne s'occupe pas de l'épouse bigame.

Ceci nous amène à nous demander ce qu'était au juste l'infamie, en droit romain.

C'est là une question fort délicate sur laquelle on ne peut présenter que des conjectures.

Nous n'essaierons point d'entrer dans l'examen approfondi de toutes les difficultés qu'elle soulève ; les recherches auxquelles il faudrait nous livrer nous entraineraient hors des limites de notre étude. Il nous suffira d'indiquer les principaux systèmes qui ont été proposés sur la nature de cette pénalité, tout en indiquant le plus brièvement possible les arguments sur lesquels ils s'appuient.

D'après Marezoll, l'infamie serait la condition de ceux qui sont incapables de postuler pour autrui. Il invoque en faveur de son opinion l'enchainement qui semble exister entre le titre *de postulando* et celui *de his qui infamia notantur*. Dans le premier, le préteur indique les personnes auxquelles il défend de plaider comme procureurs devant lui. Parmi elles se trouvent les infâmes dont il donne l'énumération dans le titre suivant. L'infâme est donc celui qui ne peut plaider devant le préteur. L'étymologie même du mot justifie cette théorie : *in* privatif, et *fari* élever la voix en justice.

Ce système a été très-habilement réfuté par M. de Savigny dont nous allons reproduire la théorie.

Et tout d'abord il critique la division en *infamia juris*

et *infamia facti* imaginée par certains commentateurs. « Sans doute, dit-il, il existe beaucoup de cas où le sens moral des gens de bien, appréciant certains actes ou les habitudes de toute la vie, inflige le déshonneur d'une manière aussi péremptoire que si les conditions de l'infamie se trouvaient réunies » (1), mais il n'y a qu'une infamie juridique, *l'infamia juris* seule retenue par le préteur. Or on s'étonne qu'une pénalité si grave, qui ne frappe que dans certains cas soigneusement déterminés par la loi, se réduise à l'incapacité de postuler pour autrui, d'autant plus que très-souvent elle aurait été illusoire et sans aucun effet ; car, ainsi que le remarque le savant romaniste : « la plupart n'avaient aucun besoin de postuler « pour autrui, et ceux mêmes qui auraient eu ce besoin « pouvaient, en s'éloignant du tribunal, éviter de trahir « leur infamie » (2).

Enfin, si l'on examine d'une manière approfondie le titre de *postulando*, on verra qu'il n'a pas avec le titre suivant cette corrélation dont parle Marezoll.

Le préteur soucieux de sa dignité, « suæ dignitatis tuendæ et decoris sui causa » (3) indique les personnes qui ne pourront postuler devant lui.

Dans une première catégorie se trouvent ceux dont l'incapacité est absolue, ce sont les sourds et les mineurs de 17 ans. Puis viennent les personnes telles que les aveugles, les femmes, certains individus exerçant des métiers infâmes qui peuvent postuler pour eux-mêmes, mais jamais pour les autres.

La dernière classe se compose de ceux qui, ayant le droit de postuler pour eux-mêmes, ne le peuvent pour autrui que dans certaines hypothèses, par exemple dans les cas

(1) Loi 2. D. *de obseq.*
(2) Trait. de dr. rom., liv. II.
(3) Loi 1. D. *de post.*

d'alliance, de patronage, etc. (1). Ce sont : 1° les individus frappés de cette peine par un plébiscite, un sénatus-consulte ou un décret ; 2° les infâmes. « Hoc edicto continentur etiam alii omnes qui edicto prætoris ut infames notantur. » Suit alors, dans le titre suivant, une énumération des personnes contre lesquelles l'infamie est prononcée.

Peut-on conclure de là que l'infamie n'est autre chose que la défense de postuler pour autrui ? Cela nous semble difficile. Car, suivant l'observation de M. de Savigny, le préteur ne dit pas : je défends à certaines personnes de postuler et je les appelle infâmes, mais bien : parmi les personnes qui ne pourront comparaître devant moi se trouvent les infâmes. Il reconnaît par là que ces derniers étaient déjà frappés de certaines déchéances auxquelles il en ajoute une nouvelle.

Après avoir réfuté le système de Marezoll, M. de Savigny s'est demandé à son tour ce que pouvait bien être l'infamie. S'appuyant sur différents textes tant littéraires que juridiques, il en est arrivé à conclure que cette peine, sorte de *media capitis deminutio*, consistait dans la perte de tous les droits politiques, le droit de cité réservé.

Il est certain, par exemple, que l'infâme perdait les *honores* ; Cicéron nous le dit en termes précis : « Cæteri, turpi judicio damnati, in perpetuum omni honore ac dignitate privantur » (2). D'autres textes législatifs sont aussi formels (3).

Par *honores*, il fallait entendre non-seulement les magistratures, mais toute position politique élevée (*dignitas*). L'infâme ne pouvait pas même aspirer à des dignités futures, car la peine qui le frappait était perpétuelle ; toutefois, dans la suite, les empereurs se réservèrent le droit, quand ils

(1) Loi 1, § 11. D. *de post.*
(2) Cicéron. Pro A. Cluént. XLII.
(3) Loi 1. C. *de infam.* — Loi 3. C. *de re milit.*

conféraient une charge, de restreindre ou d'étendre l'idée de l'infamie suivant les circonstances.

Une seconde conséquence de l'infamie consistait dans la perte du *suffragium*, ou, ce qui revient au même, dans l'exclusion de toutes les tribus. En effet, Cicéron nous apprend encore que les censeurs pouvaient, en vertu de leur pouvoir discrétionnaire, expulser un citoyen du sénat ou de l'ordre des chevaliers, le mettre dans une tribu inférieure ou même l'exclure de toutes les tribus et par suite lui enlever son droit de suffrage (1). Or, si le pouvoir des censeurs allait jusque-là, à plus forte raison l'infamie, qui nous est présentée comme une peine bien plus grave et bien plus sévère que la *nota censoria* prononcée par les censeurs, devait-elle avoir ce résultat.

Cette assertion est corroborée par plusieurs textes, qui tous portent que les comédiens sont exclus des tribus, *tribu moventur*. D'après Tite Live et Valère Maxime (2), il n'y avait d'exception que pour les acteurs qui représentaient les Atellanes. « Eo institutum manet, ut actores Atellanarum nec tribu moveantur et stipendia, tanquam expertes artis ludicræ, faciant » (3). Mais du temps de saint Augustin (1), tous ceux qui exerçaient le métier de comédien étaient immédiatement expulsés de leur tribu par les censeurs. Comme, d'un autre côté, les comédiens étaient notés d'infamie par le préteur, on en conclut que la perte du droit de suffrage résultait de cette infamie.

Les *infames* ainsi expulsés de toutes les tribus étaient relégués parmi les *ærarios*.

En résumé, l'infamie avait certainement pour résultat de faire perdre le *suffragium* et les *honores*. Ce n'étaient là,

(1) Cicéron. Pro A. Cluent. XLV.
(2) Valer. Max. II, 4, § 3.
(3) Livius, VIII, 2.
(4) De civitat. Dei, II, 13.

comme on le voit, que des déchéances purement politiques, et, suivant M. de Savigny, il n'y en avait pas d'autres; aussi définit-il l'*infamis* : le citoyen romain qui par application d'une règle générale, non en vertu d'une décision arbitraire des censeurs, perd ses droits politiques, le droit de cité réservé, tout en conservant ses droits civils, sauf toutefois la faculté de postuler en justice.

Que l'on admette l'une ou l'autre des opinions que nous venons de développer, on s'explique pourquoi l'édit ne parle pas de la femme qui s'est remariée dans le délai de deuil. Si l'infâme est celui qui ne peut postuler, le préteur, ayant défendu à toutes les femmes de postuler pour autrui, n'avait pas besoin de reproduire cette prohibition pour la veuve coupable. L'infamie était-elle la perte des droits civiques? Son application n'avait aucun sens pour les femmes qui jamais à Rome n'eurent l'exercice de ces droits.

Mais, alors, pourquoi d'autres textes prononcent-ils l'infamie contre la veuve en cas de mariage prématuré ? Et il existe des décisions formelles à cet égard (1). Bien plus, le paragr. 320 des *fragmenta vaticana*, qui reproduit presque mot pour mot l'édit du préteur que nous citions tout à l'heure, énumère la femme parmi les personnes notées d'infamie. En effet, nous y lisons : « Infamia notatur... et quæ virum, parentem liberosve suos, uti mos est non eluxerit. Quæ cum in parentis sui potestate non esset, viro mortuo, cum eum mortuum esse sciret, intra id tempus quo elugere virum moris est, nupserit. »

Que conclure de la divergence de ces textes avec l'édit du préteur, sinon qu'à une certaine époque l'infamie pouvait être appliquée aux femmes ? Il nous reste à rechercher quelle était la nature de cette peine.

---

(1) Loi 11, § 5. D. *de his qui inf. not.* — Loi 15. C. *ex quib caus.* — Loi 1, § 2. C. *de sec nupt.*

D'après la loi *Julia de maritandis ordinibus*, rendue sous
Auguste, loi dont le but était de réformer les mœurs du
peuple romain, certaines prohibitions de mariage étaient
prononcées.

Ulpien nous indique quelles étaient les personnes avec
lesquelles il était défendu de se marier. « Lege Julia prohibentur uxores ducere senatores quidem liberique eorum,
libertinas et quæ ipsæ quarumve pater materve artem
ludicram fecerit. Idem et cæteri autem ingenui prohibentur ducere palam corpore quæstum facientem, et lenam
et a lenone lenave manumissam et in adulterio deprehensam et judicio publico damnatam et quæ artem ludicram
fecerit ; adjicit Mauricianus et a senatu damnatam (1).

Il est à remarquer que l'idée sur laquelle reposaient
les prohibitions du législateur n'était autre que celle de
l'infamie. Sans doute la loi *Julia* ne le disait pas, mais par
ce motif que, à l'époque où elle fut édictée, les femmes ne
pouvaient être atteintes par cette peine.

Cette particularité n'avait pas échappé aux jurisconsultes romains ; ils s'étaient aperçus que la plupart des
personnes auxquelles la loi défendait de se marier se
trouvaient mentionnées dans l'édit comme infâmes ; ils en
arrivèrent à conclure que l'infamie est une cause de prohibition de mariage.

A l'époque d'Ulpien, cette interprétation était formellement admise ; comme il le reconnaît lui-même : « aliquando nihil inter se capiunt : id est si contra legem
Juliam Papiamque Poppæam contraxerint matrimonium,
verbi gratia si *famosam* quis uxorem duxerit, aut libertinam senator (2).

Dès ce moment, l'infamie put être appliquée à la femme ;

(1) Ulp., tit. XIII, § 1. 2.
(2) Ulp., tit. XVI, § 2.

elle consista pour elle dans la défense de contracter un mariage conforme à la loi *Julia*. On comprend alors que des textes la frappent de cette peine. Et voilà pourquoi le paragr. 321 des *fragmenta vaticana* qui, comme nous le disions tout à l'heure, reproduit en termes presque identiques l'édit du préteur sur les mariages prématurés, indique la veuve coupable parmi les personnes notées d'infamie.

Qu'arrivait-il si une femme se trouvant dans les termes de la loi *Julia* en violait la prohibition ? Suivant certains auteurs il n'y avait là qu'un *coïtus* ne produisant aucun effet légal. D'après une autre opinion, le mariage était valable; on s'appuie dans ce système sur un sénatus-consulte de Marc-Aurèle, qui aurait prononcé la nullité des mariages entre sénateurs et affranchies (1). C'est donc que, auparavant, les mariages contractés contrairement à la loi *Julia* n'étaient pas nuls. Bien plus, la même solution devait être donnée, après le sénatus-consulte, lorsque des ingénus ou des sénateurs s'étaient mariés avec des infâmes, puisque le décret ne visait que les unions de sénateurs et d'affranchies.

Pourtant la loi *Julia* avait une sanction dont parle Ulpien. Ceux qui avaient contrevenu à ses dispositions étaient toujours sous le coup des lois caducaires. « Nihil inter se capiunt si contra legem Juliam contraxerint matrimonium. »

Que l'on admette l'un ou l'autre des systèmes que nous venons d'indiquer, il nous semble difficile de soutenir que le mariage était nul dans le cas ou une femme se remariait avant l'expiration du délai de deuil. La loi reconnaissait dans ce cas l'existence d'une dot (2), c'est donc que le mariage était valable; seulement la veuve coupable se trouvait atteinte par les déchéances pécuniaires dont nous parlions il n'y a qu'un instant.

(1) Loi 16. D. *de rit . nupt.*
(2) Loi 1. C. *de sec. nupt.*

...En résumé, dans l'ancien droit, l'infamie ne s'appliquait pas aux femmes; plus tard, par interprétation de la loi *Julia*, elle consista pour elles dans la prohibition de se marier. Enfin cette défense disparut avec la loi *Julia* elle-même. Voilà pourquoi dans l'édit tel que nous le trouvons au Digeste, nous ne voyons déclarés infâmes que des hommes. Sans doute il existe d'autres textes (1) d'après lesquels la femme, dans la législation nouvelle, pouvait aussi être notée d'infamie; on répond qu'ils y ont été mis par inadvertance. Tout le monde sait que l'harmonie n'est pas la qualité principale des compilations de Justinien, et l'on y rencontre assez souvent des décisions contradictoires pour ne pas trop s'étonner de celles que nous venons de signaler.

Du reste, dans le dernier état du droit, l'infamie a perdu son caractère. D'après M. de Savigny, elle se réduit à la restriction de postuler pour autrui, et encore, ajoute-t-il, l'application de ce principe est abandonnée au magistrat ; ce n'est plus un droit personnel.

Or, même à cette époque, les femmes ne pouvaient pas postuler en justice, et l'infamie, en supposant qu'elle pût les frapper, ne les atteignait que dans leur considération et dans leur honneur.

Il ne faudrait pas croire pour cela que les mariages prématurés fussent alors impunis. Comme nous le verrons plus tard, on était loin d'encourager les secondes unions, on les condamnait même ; aussi des peines très sévères avaient été édictées par les empereurs Gratien, Valentinien et Théodose contre la femme qui se mariait dans le délai de viduité, c'est-à-dire dans l'année du deuil.

La veuve coupable ne pouvait donner à son second mari soit par donation, soit par testament, qu'un tiers de ses

(1) Lois 11, § 3. D. *de his qui inf. not.*—Lois 1, 2. C. *de sec. nupt.*
(2) Trait. de dr. rom., tom. II, chap. LXXXIII.

biens. Elle était incapable de recueillir les hérédités testamentaires, les legs fidéicommis ou donations à cause de
mort.

Le bénéfice de ces dispositions était accordé à ses co-
héritiers ou à l'héritier testamentaire, ce qui prouve,
disent les empereurs, que ces déchéances étaient prononcées non dans un intérêt fiscal, mais bien pour corriger les
mœurs.

Elle ne pouvait succéder *ab intestat* que si elle était
parente au troisième degré au moins du *de cujus*. Enfin
elle n'avait pas le droit de recueillir ce que son mari lui
aurait laissé par acte de dernières volontés. Ces libéralités
profitaient à certains parents mentionnés dans l'édit.
C'étaient : les ascendants, descendants, collatéraux jusqu'au deuxième degré, et, à leur défaut, le fisc.

Par l'authentique *eisdem pœnis*, Justinien prononça les
mêmes peines contre la veuve non remariée qui avait
accouché (1). Mais pour cela on devait être sûr que l'enfant
ne fût pas des œuvres du défunt ; or, il en était ainsi toutes
les fois que la naissance avait lieu dans le onzième mois.
Ceci résulte de la rubrique même de la novelle : « De
muliere quæ peperit undecimo mense. »

Une dernière question se présente. Supposons que la
femme se soit mariée avant l'expiration du délai de deuil et
qu'elle accouche à une époque telle que l'enfant puisse
provenir des œuvres du défunt comme de celles du second
mari. A qui faudra-t-il l'attribuer ? Nous n'avons aucune
décision sur ce point. Il nous semble que dans tous les cas
le choix du père appartenait à l'enfant, quitte au nouvel
époux à établir ou à désavouer sa paternité par les moyens
de preuves qui étaient en son pouvoir.

(1) Novelle XXXIX, cap. II.

## SECTION II

### LE MARIAGE EST DISSOUS PAR LE DIVORCE.

Nous avons dit que le préteur, en interdisant à la veuve de se remarier avant un certain délai, avait pour but principal d'éviter une *turbatio sanguinis*. Le même inconvénient était à craindre dans le cas où le mariage avait été dissous par le divorce, par suite la même défense aurait dû être faite. Il n'en fut rien, liberté complète était laissée à la femme divorcée. On comprend à la rigueur que l'ancien droit romain soit muet sur ce point ; sans doute la répudiation existait (1), mais on n'en usait pas, et, au témoignage de Valère Maxime, pendant de longues années, personne ne voulut profiter de la facilité qui était accordée de rompre les liens du mariage. « Repudium inter virum et uxorem a condita urbe usque ad vigesimum et quingintesimum annum nullum intercessit. » (2)

C'est alors, vers l'an 525, que, pour la première fois, un certain Spurius Carvilius Ruga renvoya sa femme sous le prétexte qu'elle était stérile. Il eut bientôt des imitateurs, et on en arriva à divorcer pour les motifs les plus futiles.

Le législateur aurait dû intervenir alors et prendre des mesures pour empêcher la femme divorcée de porter dans d'autres familles les fruits d'une première union.

Il ne le fit pas.

Quant à Auguste, on ne doit pas s'étonner qu'il n'ait pris aucune disposition à cet égard. Il était trop soucieux d'en-

(1) Plutarq. Vie de Romulus, 22. — Cicéron. Philip. II, 28.
(2) Valère Maxime, II, 28.

courager les seconds mariages, pour venir les entraver en réglementant cette situation.

Il n'osa pas supprimer le délai de viduité, mais il se garda bien d'en imposer un en cas de divorce. Que lui faisait l'incertitude de paternité, pourvu que l'on eût des enfants ? Et lui-même n'avait-il pas épousé Livie, la femme de son ami Tibérius Néron, alors qu'elle était enceinte de six mois !

Les femmes ne se firent pas faute de profiter de la liberté qui leur était laissée. Ces *nuptiarum multarum mulieres*, comme on les appelait, ne contractaient un nouveau mariage, suivant la remarque de Sénèque, que pour en venir à répudier. « Exeunt matrimonii causa nubunt repudii. » Celle-ci s'était mariée huit fois en cinq automnes :

> Sic crescit numerus sic fiunt octo mariti
> Quinque per autumnos, titulo res digna sepulchro (1).

Et il fallait lui savoir gré de cette modération, à côté d'une certaine Thélésine qui avait eu jusqu'à dix époux en trente jours :

> Aut minus aut certe non plus tricesima lux est
> Ut nubat decimo jam Thelesina viro (2).

Supposons que Thélésine eût accouché neuf mois après le premier mariage, dix citoyens romains pouvaient officiellement revendiquer la paternité de l'enfant !

On finit par se préoccuper des inconvénients que nous venons de signaler, et, sous Adrien, un sénatus-consulte Plancien édicta des règles qui y remédièrent dans une certaine mesure.

(1) Juvénal. Satir. II.
(2) Satir. VI, 7,

La femme qui se croyait enceinte, devait, dans les trente jours du divorce, signifier sa grossesse soit à son ancien mari, soit au père de celui-ci, s'il se trouvait en puissance (1) Etaient-ils absents? La notification devait être faite à leur domicile.

Plusieurs hypothèses pouvaient alors se présenter. Le mari n'envoyait pas de gardiens, il reconnaissait par là même sa paternité. En envoyait-il? L'enfant était encore réputé de lui, si la femme les recevait et accouchait en leur présence.

Dans le cas où elle ne signifiait pas sa grossesse, ou bien lorsqu'elle ne voulait pas accueillir les gardiens, le mari ou son père étaient libres de reconnaître l'enfant (2).

Enfin, si l'époux prétendait que l'enfant dont sa femme était enceinte ne provenait pas de lui, il était obligé d'en faire la preuve en justice, sinon la paternité lui était attribuée.

Le sénatus-consulte n'avait pas prévu le cas où la femme cache sa grossesse. Cette situation fut réglée sous les empereurs Marc-Antoine et Verus.

Le mari avait le droit de citer sa femme devant le préteur pour lui faire déclarer si, oui ou non, elle était enceinte. Refusait-elle de se présenter, elle était frappée d'une amende, et ses biens étaient vendus (3). Prétendait-elle n'être pas enceinte, le préteur nommait cinq sages-femmes d'une science et d'une honnêteté reconnues, qui étaient chargées de l'examiner « inspicere ventrem, » comme disent les textes. Dans le cas où la grossesse était reconnue, l'épouse divorcée était conduite dans la maison d'une matrone respectable « honestissimæ matronæ » où elle accou-

(1) Loi 1. D. de agn. et al. lib.
(2) Loi 1, § 6. H. t.
(3) Loi 1, § 4. D. de inspiciendo ventre.

chait. Si les sages-femmes déclaraient à la majorité qu'elle n'était pas enceinte, elle était mise en liberté et pouvait même intenter une action d'injures contre son mari.

Le système du sénatus-consulte Plancien était fort compliqué, et il eût été bien plus simple et bien plus rationnel de défendre à la femme divorcée, comme à la veuve, de se remarier avant un certain délai. C'est ce que comprirent les empereurs chrétiens. D'après une loi de Théodose (1), reproduite par Justinien (2), la femme, en cas de divorce, ne put contracter un nouveau mariage qu'au bout d'une année, et encore il fallait pour cela que le divorce reposât sur une cause légitime, sinon, comme nous l'avons déjà dit, les époux étaient obligés de rester dans le célibat.

## SECTION III

### LE MARIAGE EST DISSOUS PAR LA SERVITUDE

Lorsque l'un des époux était frappé de la *maxima capitis deminutio*, le mariage était dissous, et le conjoint, dont l'état restait intact, pouvait contracter une nouvelle union. Si c'était la femme, lui fallait-il attendre un certain délai avant de se remarier ? Il aurait dû en être ainsi, car, dans certaines hypothèses, l'incertitude de paternité est à craindre. Et cependant les textes ne nous donnent aucune décision sur ce point. Nous croyons que le législateur ne s'était pas préoccupé de cette situation et qu'une liberté absolue était laissée à la femme. Bien plus, si elle restait fidèle et que le mari, qui se trouvait *apud hostes*, fût de retour, le pre-

(1) Loi 1. C. Th. *de sec. nupt.*
(2) Loi 9. C. *de repud.*

mier mariage n'en était pas moins dissous (1), et devait être contracté à nouveau, car le bénéfice du *postliminium* ne pouvait être invoqué.

Toutefois il y avait un cas où la première union était réputée toujours existante ; c'est lorsque les deux époux avaient été faits prisonniers et revenaient l'un et l'autre à Rome (2).

Sous Justinien, la servitude encourue *jure civili* laisse subsister le mariage. Quant à la captivité, le mariage continue tant qu'il y a des nouvelles de l'époux captif ; lorsque depuis cinq années on n'en a aucune, l'autre conjoint est libre de contracter une nouvelle union (3).

S'il s'était remarié avant ce délai, il encourait les peines prononcées contre celui qui, par sa faute, fait prononcer le divorce (4).

La même peine était prononcée contre la femme qui refusait de cohabiter avec son mari de retour, alors même que le délai de cinq ans se trouvait écoulé et que par suite le mariage était dissous (5). Bien entendu, il fallait pour cela, qu'elle n'eût pas contracté une nouvelle union.

Ces règles et ces délais furent étendus à l'absence.

Dans l'ancien droit, et dans le droit classique, la présence des deux époux n'était pas nécessaire pour que le divorce pût être prononcé. Aussi arrivait-il souvent qu'un citoyen en rentrant chez lui, à la suite de lointains voyages, ne trouvait plus la femme qu'il avait laissée à la tête de sa maison (6).

Justinien décida que l'époux présent ne pourrait se

(1) Loi 12, § 4. D. *de capt.*
(2) Loi 25, *hoc. tit.*
(3) Nov. XXII, cap. VII.
(4) Loi 6. D. *de divort.*
(5) Loi 8. D. *de captiv.*
(6) Cic. Epist. fam., VIII, 7.

remarier que cinq années après les dernières nouvelles. Mais si l'absent était un militaire, sa femme devait attendre un délai de dix ans, alors seulement elle était libre « ad secundum venire virum » comme dit la novelle. Et encore il lui fallait auparavant envoyer un *libellum* aux chefs sous lesquels son époux avait servi (1).

Enfin, une constitution (2) décida que la femme d'un militaire ne pourrait se remarier tant qu'elle n'aurait pas la preuve de la mort de son mari. Dans le cas où elle n'avait pas la certitude de son décès, elle devait aller trouver le chef de corps. Si celui-ci jurait sur les saints Evangiles que son époux était vraiment mort, elle devait attendre encore une année avant de contracter un nouveau mariage. Lorsque le chef avait fait un faux serment, il était dépouillé de son grade et condamné à payer dix livres d'or au mari qu'il avait fait passer pour défunt. Quant à ce dernier, il avait le droit de réclamer sa femme s'il le jugeait à propos.

# CHAPITRE III

### De l'influence des lois caducaires sur les seconds mariages.

Lorsque Auguste monta sur le trône, il se crut chargé d'une véritable mission. Il se persuada qu'il était appelé à corriger les mœurs du peuple romain. C'était là une grande prétention, surtout de la part d'un homme qui, comme nous l'avons vu, avait enlevé la femme d'un de ses

(1) Nov. XXII, cap. xiv.
(2) Nov. CXVII, cap. xi.

amis et s'était marié avec elle quoiqu'elle fût enceinte de
six mois. « Eam aufert adeo properus, ut ne spatio quidem
ad enitendum dato gravidam penatibus suis induxerit (1).
Tel était le moraliste qui allait essayer de relever la dignité
du mariage et de faire fleurir la vertu !

Quoiqu'il en soit, prenant au sérieux son rôle de réformateur, il édicta une série de règles dont l'ensemble forme
ce que l'on appelle les lois caducaires.

Ces innovations ont été diversement appréciées ; les uns
sont en admiration devant elles, notamment Heineccius
qui ne voit rien au-dessus de la loi *Papia Poppœa* ;
d'autres les jugeant par leur résultat les considèrent comme
tyranniques et immorales.

Selon nous, pour apprécier d'une manière impartiale
l'entreprise d'Auguste, il faut se rendre compte de ce
qu'était cette société romaine qu'il voulait reconstituer ;
alors on comprend ce que le législateur pouvait faire en
apercevant les difficultés qu'il avait à surmonter.

Or, que voyons-nous vers la fin de la république ?
Rome s'est amollie au contact des peuples qu'elle a vaincus,
elle s'est en quelque sorte imprégnée de leurs vices, et
peu à peu les mœurs primitives disparaissent pour faire
place à une civilisation raffinée et corrompue. On divorce
pour les motifs les plus futiles, les liens du mariage sont
relâchés et cependant beaucoup n'en veulent plus. Le
célibat est en grand honneur, car il permet de vivre à sa
guise et de n'avoir d'autres maîtres que son caprice ou ses
plaisirs.

On conçoit qu'avec des mœurs pareilles, une grande
décroissance se fit bientôt sentir dans la population ; d'un
autre côté, comme le remarque Montesquieu : « Les dis-
« cordes civiles, les triumvirats, les proscriptions avaient

(1) Tacite. Annal., lib. V, c. i.

« affaibli plus Rome qu'aucune guerre qu'elle eût encore
« faite; il restait peu de citoyens » (1). C'est à cet état de
choses que l'empereur Auguste voulut remédier.

Notre intention n'est pas de présenter un commentaire
complet et approfondi des lois caducaires ; nous nous con-
tenterons d'en donner l'économie générale tout en insistant
sur les règles propres à la matière qui nous occupe.

Le but du législateur, avons nous dit, était, tout en ré-
formant les mœurs, de repeupler l'Etat affaibli et dévasté par
les guerres civiles. Pour y arriver, il frappa de déchéances
pécuniaires ceux qui se refusaient au mariage ou dont
l'union était stérile ; ces peines consistaient dans l'incapacité plus ou moins absolue d'être héritiers ou légataires.
Ceux qui tombaient sous le coup de la nouvelle législation
ne pouvaient profiter des dispositions testamentaires
faites en leur faveur ; ces libéralités devenaient *caduca* et
étaient accordées à titre de récompense aux pères de famille s'il s'en trouvait de gratifiés dans le testament ; à
défaut de *patres*, le trésor public était appelé. On voit par
là que le beau zèle d'Auguste était loin d'être désinté-
ressé, et Tacite avait bien raison de remarquer que l'empereur avait un double but : incitandis cœlibum pœnis et
augendo ærario » (2).

Il est difficile de préciser à quelle époque les réformes
dont nous venons de parler commencèrent à être mises en
pratique ; ce qu'il y a de sûr, c'est que ces innovations
n'ont pas été créées d'un seul jet. La loi *Papia Poppæa* qui
fut édictée en 762, ne faisait que compléter en la modifiant
toute une législation antérieure développée dans les lois
*Julia de maritandis ordinibus, de adulteriis, de fundo
dotali.*

(1) Esprit des lois, livr. XXIII, chap. xxi.
(2) Tacite. Annal., III, 25,

Quelle est la date de ces lois ? Sont-elles distinctes les unes des autres ? Faut-il au contraire admettre qu'elles ne formaient qu'une loi unique avec des chapitres différents, qui tous avaient une rubrique spéciale indiquant la matière dont ils s'occupaient ? Ce sont là des questions qu'il est impossible de résoudre en l'absence de documents. Pourtant on admet généralement qu'il y a eu plusieurs lois *Julia* votées à des intervalles distincts. Tout d'abord Auguste, en 736 suivant Heinnecius (1), en 726 d'après Zimmern et Wencke, aurait par la loi *Julia de maritandis ordinibus* ordonné aux veufs et aux célibataires de se marier. En même temps, dans son désir de relever le mariage, il énumérait certaines catégories de femmes avec lesquelles il défendait de s'unir.

On comprend sans peine quelles réclamations ces réformes durent soulever. Les citoyens romains s'étaient accoutumés à subir un maître, ils avaient renoncé à toutes les libertés politiques, mais ils ne voulaient pas qu'on vînt les contrarier dans leurs habitudes et dans leurs manières de vivre. Aussi la résistance fut-elle vive surtout de la part des chevaliers. En vain, dans son *Carmen sæculare*, Horace donna-t-il à ces innovations l'appui de sa popularité et de son talent, la loi fut rejetée.

Nous voyons dans Properce (2) avec quelle satisfaction cet échec fut accueilli par tous ceux qui se sentaient menacés dans leur indépendance et dans leur plaisir.

> Gavisa est certe, sublato, Cynthia, lege,
> Qua quondam edicta, flemus uterque diu
> Ne nos divideret.

On faisait entre autres reproches à la loi *Julia*, celui d'imposer le mariage alors qu'une épouse honnête était à

(1) Antiq. rom., I, xxv.
(2) Antiq. rom., II, 7.

peu près introuvable « ut jam vix ullo inveniri possent
pudicæ uxores. » C'est alors que dans le but de corriger
les mœurs des femmes, Auguste rendit la loi *Julia de
adulteriis*. Le remède n'était pas bien efficace ! Quoiqu'il
en soit, grâce à des concessions, l'empereur put arriver à
faire triompher son système de réformes que nous trouvons
développées dans la loi *Papia Poppœa*.

Les lois caducaires distinguent plusieurs classes de personnes. En premier lieu venaient les *cœlibes* ; comme nous
le verrons bientôt, il fallait entendre par là non-seulement
les célibataires mais encore ceux qui, veufs ou divorcés
n'avaient pas contracté une nouvelle union.

Les *cœlibes* ne pouvaient recueillir ni legs ni hérédités.
Il en était de même s'ils s'unissaient avec des femmes que
la nouvelle législation leur défendait d'épouser.

Non-seulement on était obligé de se marier, mais il
fallait encore avoir des enfants. Si l'union était stérile, on
faisait partie de la classe des *orbi*, qui n'avaient le droit de
prendre que la moitié des dispositions testamentaires.

Mais il pouvait arriver qu'on fût dans l'imposibilité
absolue de satisfaire aux prescriptions de la loi ; le législateur relevait alors des déchéances prononcées par lui et
l'on avait la *solidi capacitas*, la capacité de recueillir ce
qui était directement laissé. Et tout d'abord les impu-
bères n'étaient pas tenus d'obéir aux lois nouvelles.

Nous n'avons pas de textes précis sur ce point, mais il
est sûr qu'on se préoccupait de l'âge dans l'application des
lois caducaires. En effet, d'après Ulpien, l'*orbitas* n'était
punie que si la femme avait vingt ans et l'homme vingt-
cinq (1).

De même, les hommes sexagénaires et les femmes quin-
quagénaires n'étaient pas obligés de se marier (2). Toute-

(1) Reg. XVI, § 1.
(2) Ulp. XVI, § 2.

fois, depuis le sénatus-consulte Pernicien rendu sous Tibère,
ils ne pouvaient pas bénéficier du privilége de leur âge, si
avant d'avoir atteint cinquante ou soixante ans ils n'avaient
point obéi aux lois caducaires.

Etaient encore *solidi capaces* les citoyens absents pour
le service de la république ; les impuissants, les femmes
exerçant le métier de *lenocinium*.

La même faveur était accordée à certaines personnes à
raison des liens étroits qui les unissaient au testateur.
C'étaient ses cognats jusqu'au sixième degré et les alliés
les plus proches (1).

Toutes les personnes que nous venons d'énumérer pouvaient prendre la totalité de ce dont elles étaient gratifiées,
mais elles n'avaient aucun droit sur les libéralités qui
échappaient aux *cœlibes* et aux *orbi*. Ces dispositions
étaient accordées à titre de *prœmia* aux institués ou légataires *patres*, et, à leur défaut, au fisc (2).

Toutefois, à côté des *patres*, il y avait une catégorie de
personnes qui non-seulement prenaient la totalité de ce qui
leur était laissé, mais encore avaient « le *jus accrescendi* »,
c'est-à-dire le droit de bénéficier de tous les avantages qui,
d'après les lois anciennes, pouvaient améliorer leur position (3). Ce droit que l'on appelait le *jus antiquum* appartenait aux ascendants et aux descendants jusqu'au troisième degré inclusivement.

Après ce court exposé du système des lois caducaires, il
nous reste à examiner leurs dispositions spéciales au second
mariage.

La règle la plus importante sur ce point est celle que
nous trouvons dans Gaïus. « Cœlibes per legem Juliam

(1) Frag. vatic., §§ 216, 217, 218.
(2) Gaïus. II. § 286.
(3) Ulp. reg. XVIII.

hæreditates legataque capere prohibentur. » (1) Par *cœlibes*, non-seulement il fallait entendre les personnes qui ne s'étaient pas encore mariées, mais aussi celles qui, veuves ou divorcées, n'avaient pas contracté une nouvelle union. Cette interprétation est certaine. En effet, d'autres textes de lois ont pris le mot *cœlibes* dans le dernier sens que nous venons de donner. (2) Il en était ainsi même dans le langage usuel, et l'empereur Claude, après avoir répudié ses deux premières femmes et fait mourir la troisième, disait à ses prétoriens que puisqu'il n'était pas heureux en mariage il était dans l'intention de demeurer « in cælibatu. » (3)

Comme nous l'avons déjà dit, les époux veufs ou divorcés qui restaient *cœlibes* n'étaient pas aptes à profiter des dispositions testamentaires dont ils étaient gratifiés.

Cette incapacité fut, au témoignage de Gaïus prononcée tout d'abord par la loi *Julia de maritandis ordinibus*. Nous la retrouvons reproduite dans la loi *Papia Poppœa*, mais avec certaines modifications que le législateur avait été forcé d'introduire pour faire accepter ses réformes.

En principe, aucun délai n'était accordé aux hommes pour se remarier. Leur femme morte ou répudiée, ils devaient en prendre une autre au plus vite, sinon ils étaient sous le coup des déchéances pécuniaires. Toutefois, ils pouvaient encore recueillir tout ou partie de ce qui leur était laissé, si dans les cent jours ils obéissaient à la loi (4). Ulpien semble dire d'une manière générale qu'ils jouissaient alors d'une capacité entière. Ceci n'est vrai que lorsqu'ils avaient un ou plusieurs enfants d'un premier lit.

(1) Comm., II, § 286.
(2) Loi 3. C. *de induc. viduit.*
(3) Suet. Claude, cap. XXVI.
(4) Ulp. reg. XVII, § 1.

Autrement, ils étaient bien mariés, mais les peines de l'*orbitas* venaient toujours les frapper et ils n'avaient le droit de prendre que la moitié des dispositions testamentaires.

Il arrivait quelquefois qu'un citoyen veuf ou divorcé avait en fait un délai plus grand pour se remarier que celui qui lui était accordé par la loi. C'est lorsqu'on l'avait institué sous la condition « cum capere poterit. » (1).

On tournait ainsi les prescriptions du législateur en leur enlevant toute espèce de sanction. Aussi était-ce seulement par indulgence, « benevolentia » comme dit Modestin, qu'une pareille institution était considérée comme valable.

Nous avons dit que celui qui avait des enfants au moment où il se remariait acquérait aussitôt une capacité pleine et entière ; ajoutons qu'il pouvait invoquer « le jus caduca vindicandi. »

Mais quelle était sa situation lorsqu'il ne contractait pas un nouveau mariage ? Cet homme qui, selon nous, est le *solitarius pater* dont parlent les textes (2), ne se trouvait certainement pas assimilé aux *cœlibes* sans enfants. Mais alors fallait-il le mettre sur le même rang que les *patres*, ou bien lui accordait-on la *solidi capacitas* ? Cette question, en l'absence de documents, ne saurait être résolue. On a proposé sur ce point beaucoup de systèmes que nous trouvons énumérés dans M. Machelard (3), mais ils sont tous plus ou moins arbitraires. D'après Vangerow, le *solitarius pater* n'aurait le droit de prendre, comme l'*orbus*, que la moitié de ce qui lui a été laissé. Schneider décide qu'il perdra moins que l'*orbus*, et pour cela il se fonde sur la place que le mot *solitarius pater* occupe dans la rubrique

(1) Loi 62. D. *de hered. instit.*
(2) Ulp. XIII, rubr.
(3) Dissert. sur l'accrois. en dr. rom., pag. 109.

du titre xiii des *Regulæ* d'Ulpien. « De cælibc, orbo et solitario patre. » Cet ordre, dit-il, indique une progression dans la capacité. Enfin, suivant Hugo, le défaut de mariage ne serait pas puni toutes les fois que le *pater solitarius* aurait trois enfants.

Ce n'est pas du reste la seule controverse qui, grâce au manque de textes, soit soulevée à ce sujet ; on est loin d'être d'accord sur la signification à donner aux mots *solitarius pater*.

L'interprétation que nous avons présentée nous semble la plus rationnelle. Il faut voir là l'époux veuf ou divorcé qui a des enfants; on l'appelle « solitarius » parce qu'il est privé de sa femme, de la compagne de sa vie. Ce sens imaginé par Hugo a été adopté par la plupart des commentateurs modernes tels que Schneider, Zimmern, de Vangerow, Puchta et enfin par M. Machelard.

Autrefois, on prétendait que le *pater solitarius* était celui qui, divorcé ou veuf, n'avait qu'un seul enfant. Cette opinion, qui est celle de Cujas, Godefroy, Heinneccius, a été reproduite de nos jours par Rudorff.

Les partisans de ce système s'appuient sur un texte de Gaïus (1) d'après lequel ceux qui avaient des enfants « qui liberos habebunt » pouvaient seuls invoquer les priviléges de la paternité et exercer la « caducorum vindicatio. » Mais on répond que les jurisconsultes romains employaient toujours le mot *liberi* au pluriel. On peut donc considérer comme ayant des *liberi* celui qui n'a qu'un seul enfant. Gaïus le dit du reste lui-même en termes formels : « Non est sine liberis cui vel unus filius unave filia est ; hæc enim enuntiatio *habet liberos, non habet liberos*, semper plurativo numero profertur ; sicut et pugillares et codicilli (2). »

(1) Comm. II, § 286.
(2) Loi 148. D, *de verb. signif.*

Et puis, comme le remarque avec raison M. Machelard, dans le cas où l'idée de « solitarius » devrait être entendue dans le sens que lui donnent les anciens jurisconsultes, c'est du *filius* et non du *pater* qu'il serait vrai de dire qu'il est *solitarius*.

Si l'empereur Auguste avait pu, sans inconvénients, ordonner aux hommes de se remarier aussitôt après la dissolution du mariage, il avait été obligé, pour les femmes, de tenir compte du deuil que l'ancien droit exigeait de la veuve. D'un autre côté, il eût été en quelque sorte immoral d'imposer sans aucun délai une nouvelle union à l'épouse divorcée.

C'est pour ce motif qu'il accordait aux femmes une « vacatio » pendant laquelle elles se trouvaient exemptes des peines prononcées contre le célibat. Cette « vacatio » qui, aux termes de la loi *Julia*, était d'un an en cas de mort du mari et de six mois s'il y avait eu divorce, fut augmentée par la loi *Papia*. Le mariage ne fut alors exigé qu'au bout de deux ans ou de seize mois (1). Pendant ce délai, l'épouse veuve ou divorcée était « solidi capax » c'est-à-dire avait le droit de prendre la totalité de ce qui lui était laissé. Du reste, même lorsqu'elles étaient mariées et mères de famille, les femmes ne pouvaient avoir plus que cette « solidi capacitas, » seuls les *patres* jouissaient du « jus caduca vindicandi. »

Toutefois, il ne faudrait pas croire que la fécondité ne fût pas récompensée par le législateur. La femme qui avait mis au monde trois enfants, si elle était ingénue, quatre si elle était affranchie, pouvait invoquer le « jus liberorum » qui l'affranchissait de la tutelle et, par suite, lui permettait de tester sans que l'*auctoritas* d'un tuteur fût nécessaire (2).

(1) Ulp. reg. XIV.
(2) Gaïus. I, 194. — III, 44.

Elle avait encore des droits sur les biens des affranchis(1);
enfin la capacité pleine et entière que l'on reconnaissait à
la mère de famille de recueillir ce qui lui était laissé était
une grande faveur, car elle lui permettait, d'après certains
commentateurs, d'échapper à la loi *Voconia*, aux termes de
laquelle toute femme, fût-elle la fille du testateur, ne pouvait être instituée héritière par les citoyens jouissant d'une
certaine fortune.

Entre époux, les règles sur la « solidi capacitas » étaient
spéciales. Supposons, en effet, qu'une femme qui se remariait eût trois ou quatre enfants du précédent mariage ;
d'après les principes que nous venons d'exposer, elle aurait
été apte à recueillir la totalité du patrimoine de son nouveau
mari. De même, le citoyen ayant un enfant d'un premier
lit, avait le droit de prendre tout ce que lui aurait laissé sa
nouvelle épouse. Mais alors il était à craindre que, dans ce
cas, les secondes unions fussent stériles, puisque les époux
n'étaient poussés par aucun intérêt pécuniaire à avoir des
enfants.

Pour rendre ces mariages féconds, on imagina tout un
système de quotité disponible entre époux remariés, système
connu sous le nom de lois décimaires. Lorque le mariage
actuel, comme le précédent, était stérile, l'un des conjoints
ne pouvait disposer en faveur de l'autre que du dixième de
sa fortune en pleine propriété, et du tiers de ses biens en
usufruit (2).

Pourtant il lui était permis de stipuler que cet usufruit
se convertirait en pleine propriété, si l'époux survivant
avait des enfants d'une nouvelle union (3). Enfin le legs fait
à la femme de sa dot n'empêchait pas son mari de disposer

(1) Gaïus. III, 45.
(2) Ulp. reg. XV.
(3) Loi 61. D. *de cond et dem.*

en sa faveur de la quotité disponible dont nous venons de parler.

Cette quotité disponible était plus grande en faveur de l'époux qui avait un ou plusieurs enfants d'un autre lit. Elle augmentait d'un dixième par enfant vivant, de telle sorte qu'il en fallait neuf pour jouir de la « solidi capacitas. »

Cette « solidi capacitas » était encore accordée à ceux qui avaient un enfant vivant né du mariage actuel. Il en était de même lorsque cet enfant était mort après avoir atteint l'âge de puberté, c'est-à-dire quatorze ans pour les fils et douze ans pour les filles. S'il était décédé avant cet âge, le père et la mère, pour être « solidi capaces » entre eux, devaient avoir eu deux enfants ayant dépassé l'âge de trois ans, ou trois ayant survécu au « nominum dies » (1), c'est-à-dire au jour où on leur avait donné leur nom.

Enfin la femme avait le droit de prendre tout ce dont son mari avait disposé en sa faveur, dans le cas où elle accouchait dans les dix mois du décès de celui-ci, pourvu, bien entendu, que l'enfant provînt des œuvres du défunt.

Ces dispositions que nous venons d'énumérer prirent le nom de *leges decimariœ*, à raison du calcul en dixièmes sur lequel elles se basaient pour fixer la quotité disponible entre conjoints remariés. Auguste lui-même voulut les observer. Il désirait laisser le tiers de ses biens à son épouse Livie ; or, celle-ci, mère de deux enfants, n'avait droit qu'à deux dixièmes ; il se fit relever des incapacités de la loi par le sénat (2).

Et, en effet, tout citoyen pouvait obtenir d'être exempté des peines portées par les lois caducaires. Cette faveur qui, à l'origine, devait être demandée au sénat, fut, dans la suite,

(1) Ulp. reg. XVI, § 1.
(2) Dion Cassius, LVI, 32.

accordée par l'empereur. C'est ainsi que Pline le jeune obtint d'être gratifié du « jus liberorum » par Trajan (1). Il s'était marié deux fois et n'avait pas eu d'enfants ; mais, comme il le disait, « s'il n'était pas devenu père, ce n'était point faute de l'avoir voulu. »

On ne sait pas au juste quelle était la nature de ce « jus liberorum. » Toujours est-il qu'on le concédait très difficilement. Du reste, ce n'était pas là le seul moyen d'échapper aux lois caducaires, et un grand nombre d'expédients, que nous n'avons pas à examiner ici, avaient été imaginés pour se mettre à l'abri de leurs déchéances. On obéissait quand on ne pouvait pas faire autrement, et à la longue il n'y eut guère plus de « cælibes. » Mais la dignité du mariage n'en fut pas relevée, car, si l'on se mariait, c'était, suivant une remarque spirituelle, « non pas pour avoir des héritiers, mais bien des héritages. » (2).

En effet, on peut dire que c'est l'appât du gain seul qui poussait à satisfaire à la législation nouvelle ; il est à croire que le réformateur n'aurait jamais vu ses prescriptions observées, s'il n'avait pris les Romains par leur côté faible en exploitant leur amour désordonné des richesses.

C'est pour ce même motif que la loi *Julia* ordonnait aux pères de doter leurs filles et les y forçait au besoin (3).

Mais si la dot permettait à une jeune fille de trouver plus facilement un mari, à plus forte raison était-elle nécessaire à l'épouse veuve ou divorcée qui, sans elle, aurait souvent été astreinte à un célibat forcé. Voilà pourquoi une série de règles avaient été édictées, qui toutes avaient pour but la conservation et la restitution des biens dotaux et, par suite, favorisaient les seconds mariages ; car, si la femme

(1) Dion Cassius, X, 2.
(2) Plutarq. *de l'amour paternel.*
(3) Loi 19. D. *de rit. nupt.*

remariée n'avait plus la beauté et la jeunesse, elle apportait toujours au moins la fortune. Nous allons étudier les innovations d'Auguste sur ce point.

Dans l'ancien droit, le mari n'était pas obligé de restituer les biens qui lui avaient été apportés par sa femme ; quelle en aurait été l'utilité ? Le divorce n'existait pas alors, et la veuve se faisait gloire d'achever ses jours dans le souvenir de celui qui n'était plus. Mais, comme nous l'avons déjà dit, les mœurs primitives disparurent, et bientôt le divorce fut en grand honneur. Or, il arrivait que le mari gardait la dot en répudiant la femme qui trouvait ainsi très difficilement à se remarier. C'était là une situation que le législateur devait règlementer.

Nous voyons qu'il s'en préoccupa dès le divorce de Spurius Carvilius Ruga, le premier qui, au dire d'Aulu Gelle, eut lieu à Rome. En effet, Spurius fut obligé de fournir des « rei uxoriæ cautiones » qui permettaient à sa femme de poursuivre la restitution de son apport. (1).

Cette décision fut généralisée, et Caton nous apprend (2) que dans tous les cas de divorce le juge, faisant l'office de censeur, fixait la partie de la dot que le mari pouvait garder et celle qu'il devait rendre. Telle fut l'origine de l'*actio rei uxoriæ*, action dotale dont le bénéfice était accordé à la veuve (3).

Ainsi donc, à l'époque d'Auguste, la dot devait être restituée à la femme en cas de divorce et de décès du mari Dans son désir de multiplier les seconds mariages, le législateur des lois caducaires voulut garantir autant que possible cette restitution et pour cela il prononça l'inaliénabilité des immeubles dotaux. Ce principe fut, d'après

(1) Aulu Gelle. IV, 3.
(2) Caton. *De dote.*
(3) Loi 66, proœm. D. *sol. matr*.

Paul, proclamé dans la loi *Julia de adulteriis* (1). Il faut dire que suivant le même jurisconsulte il y aurait sur ce sujet une *lex Julia de fundo dotali* (2). Mais on admet généralement qu'il faut voir dans cet énoncé la rubrique d'un des chapitres de la loi *Julia de adulteriis.*

Un certain nombre de commentateurs, et parmi eux Hugo, prétendent que ce n'est pas pour le motif que nous venons de donner qu'il fut défendu au mari d'aliéner le fonds dotal, mais bien pour éviter que l'action d'adultère ne se trouvât paralysée entre ses mains.

En effet, disent-ils, avant d'intenter cette action en adultère, le mari devait faire prononcer le divorce et par suite restituer la dot (3). Or, s'il lui avait été permis d'aliéner les immeubles dotaux, il pouvait en avoir dissipé le prix et, la plupart du temps, il n'aurait pas provoqué le divorce qui entraînait pour lui la restitution.

Mais alors le crime de la femme restait impuni. Le législateur comprit qu'il fallait protéger le mari en quelque sorte contre lui-même, et lui éviter la pénible alternative ou de sacrifier ses intérêts ou de ne pas poursuivre un crime qui cependant devait être réprimé. Pour y arriver, il établit le principe de l'inaliénabilité ; l'époux outragé ne fut plus arrêté par cette considération qu'il serait obligé de rendre ce qu'il avait dissipé. Que lui importait la perte de la dot puisqu'elle était entre ses mains comme une sorte de dépôt auquel il lui était interdit de toucher ?

En un mot, la loi *Julia de adulteriis* consacre cette règle que l'intérêt de la morale et de la société doit l'emporter toujours sur l'intérêt privé. C'est du reste ce qui résulte de la loi 7 au code Théodosien, *ad legem Juliam de*

---

(1) Paul. Sentent. II, xxi, § 2,
(2) Loi 1. D. *de fund dot.*
(3) Loi 10, § 10. D. *ad leg. Ju¹, de adult.*

*adulteriis*, d'après laquelle les exceptions tirées de ce que la dot n'a pas été restituée n'arrêtent pas l'accusation portée contre une femme adultère.

Ce système est fort ingénieux, mais il est certainement inexact. Comment l'inaliénabilité disparaîtrait-elle par la seule volonté de la femme, si elle avait vraiment pour effet de garantir le libre exercice de l'action en adultère ? Cette prohibition aurait été illusoire puisqu'elle dépendait de l'épouse coupable elle-même qui, par le seul fait d'autoriser son mari a aliéner les immeubles dotaux, aurait acheté le silence et l'impunité.

La loi n'a pas pu commettre une pareille inconséquence et il semble plus raisonnable de dire qu'en défendant au mari de vendre le fonds dotal, elle a voulu sauvegarder les intérêts de la femme et lui permettre de contracter plus facilement une nouvelle union.

Et, en effet, l'épouse était autorisée lors de la dissolution du mariage, à revendiquer entre les mains des tiers les immeubles dotaux dont son mari s'était indûment dessaisi. On se demande comment elle pouvait exercer cette revendication alors qu'elle n'était pas propriétaire (1). Et cependant il existe des textes qui lui reconnaissent ce droit (2). L'explication en est bien simple. Le mari qui avait vendu un immeuble dotal sans le consentement de sa femme avait une action en revendication pour le reprendre entre les mains des tiers acquéreurs. Or, cette action, comme le dit M. Paul Gide (3), constituait elle-même une valeur dotale que l'épouse veuve ou divorcée pouvait se faire restituer avec les autres biens dotaux. Lorsque le mari ne faisait pas cette cession, il est

(1) Gaïus. II. § 63.
(2) Loi 77, § 5. D. *de leg.*
(3) Du caract. de la dot en dr. rom. — Rev. de.lég., 1872.

à croire qu'elle obtenait du juge une revendication utile ; dans tous les cas, elle n'agissait pas en son propre nom mais comme procureur du mari.

Si la femme se trouvait ainsi protégée par la loi *Julia* contre les tiers acquéreurs et les créances hypothécaires du mari, elle était obligée de subir les créanciers chirographaires qui venaient concourir avec elle sur le fonds dotal. Pour lui permettre de les écarter on lui accorda un privilége garantissant sa créance dotale, en vertu duquel elle avait un droit de préférence (1).

Ce privilége avait cela de particulier que tout en portant sur tous les biens du mari, il frappait spécialement les « res dotales. » Ainsi, quand l'action dotale s'exerçait « de peculio » contre le père du mari, la femme était préférée au père, mais sur les « res dotales » seulement (2).

Comme on le voit, toutes les innovations que nous venons d'indiquer avaient un but unique : favoriser les seconds mariages ; c'est encore pour le même motif que la loi *Julia* défendit au mari de restituer à la femme sa dot « constante matrimonio. » Sans cela, elle aurait pu se la faire remettre, la dissiper et finalement se trouver « indotata » lors de son divorce ou du décès de son conjoint. Et alors il était à craindre qu'un nouvel époux fut introuvable.

Certains auteurs prétendent que cette prohibition existait bien avant la loi *Julia* et qu'elle reposait sur cette idée que les donations entre époux étaient interdites.

Nous n'avons pas à entrer dans l'examen de ce système ; disons toutefois qu'il nous semble difficile à soutenir en présence de la loi 27, § 1, au Digeste, *de religion. et sumpt. funer.*, d'après laquelle des lois « leges » permettaient dans certains cas de restituer la dot pendant le mariage. Quelles

(1) Loi 19. D. *de reb. auct. jud. possid.*
(2) Loi 22, § 13. D. *sol. matr.*

étaient ces « leges » ? A peu près certainement il faut y voir les lois *Julia et Papia Poppœa*, car c'est sous ce nom que les jurisconsultes romains les désignent presque toujours.

Mais alors si les lois caducaires créaient des exceptions au principe que la dot ne peut être restituée pendant le mariage, c'est que sans doute elles avaient établi le principe lui-même. Cette interprétation nous semble juste, étant donnés l'esprit et les tendances de la législation nouvelle.

En résumé, si l'on peut blâmer les moyens employés par Auguste pour corriger les mœurs de ses concitoyens, il n'en est pas moins vrai que ses réformes étaient sages et utiles. Mais, comme on l'a dit avec raison, « l'entreprise de guérir une société si profondément gangrenée était trop au-dessus des forces d'un empereur épicurien. » (1).

Nous ne devons donc pas trop nous étonner du peu de réussite des lois caducaires que du reste on se garda bien d'abroger.

Sans doute Tibère en adoucît quelque peu la sévérité (2), mais il les laissa subsister dans l'intérêt du trésor, qui trouvait là une grande source de revenus. Ce n'était pas suffisant pour Caracalla qui décida que dorénavant les parts caduques appartiendraient toujours au fisc. « Hodie ex constitutione divi Antonini omnia caduca fisco vindicantur » (3).

Certains auteurs ont prétendu que cette constitution n'avait pas supprimé les priviléges des *patres* mais ne faisait que substituer le « fiscus, » trésor impérial, à « l'ærarium, » trésor public. Ils appuient leur opinion

(1) Troplong. Infl. du christ. sur le dr. civ. des Rom.
(2) Tacite. Annal., III, 28.
(3) Ulp. reg. XVII.

sur ce que, au moment où Constantin monta sur le trône, certainement les *patres* jouissaient des *præmia* que leurs accordaient les lois caducaires. Mais ceci ne prouve rien, car on peut très bien soutenir que ces priviléges furent restitués aux pères de famille après leur avoir été enlevés par Caracalla.

Quoiqu'il en soit, le *caducorum vindicatio* ne disparut que sous Justinien (1). Quant aux autres dispositions des lois *Julia et Papia Poppœa*, elles avaient cessé d'être en vigueur du jour où le christianisme donna, suivant l'expression de Montesquieu, son caractère à la jurisprudence (2). C'est ainsi que Constantin abolit les peines portées contre les *cælibes* et les *orbi* (3), mais il laissa subsister les lois décimaires qui ne furent supprimées que sous les empereurs Honorius et Théodose (4).

# CHAPITRE IV

### Législation des empereurs chrétiens sur les seconds mariages.

Une religion d'après laquelle le mariage devait résulter d'une vocation d'en haut (5), et qui prêchait à tous comme les vertus les plus sublimes la continence et la chasteté, non-seulement était opposée aux réformes et aux théories d'Auguste, mais ne pouvait voir avec faveur une nouvelle

(1) Loi 1. C. *de cad. toll.*
(2) Esprit des lois, liv. XXIII, chap. xxi.
(3) Loi 1. C. *de infir. pœn. cœlib.*
(4) Loi 2. C. Th. *de jur. liber.*
(5) S. Mathieu, cap. XIX, 11.

union. Toutefois, elle n'alla pas jusqu'à les interdire.
« Mulier alligata est legi, dit saint Paul, quanto tempore
vir ejus vivit ; quod si dormierit vir ejus, liberata est ; cui
vult, nubat tantum in domino » (1). Malgré ce texte si formel, des esprits austères et exaltés connus sous le nom
de Cathares et de Montanistes prétendirent que ceux qui
se remariaient étaient excommuniés et ne pouvaient plus
entrer dans les églises. Ils furent déclarés hérétiques et
condamnés par le concile de Nicée.

Mais si le christianisme ne défendait pas les seconds
mariages, il les considérait comme contraires aux conseils
évangéliques. Aussi l'Eglise honorait-elle les veuves qui
s'engageaient à persévérer jusqu'à la mort dans la continence. C'était pour elles, suivant l'expression de saint
Jérôme, un second degré de chasteté (2).

Bien plus, on consacrait à Dieu celles qui n'avaient été
mariées qu'une fois « unius viri uxores. » (3) Mais il fallait
qu'elles eussent vécu, pendant un certain nombre d'années,
dans un état de chasteté irréprochable. « Viduas honora
quæ vere viduæ sint. » (4)

Par contre, on considérait comme peu mortifiés ceux qui
se laissaient séduire par les douceurs d'une nouvelle union.
Au dire d'Origène, ils se fermaient les portes du ciel. « Tale
conjugium ejicere homines a regno Dei. » Sans aller si
loin, les conciles de Néocésarée et de Laodicée les condam-
naient à la pénitence publique « non quod peccent, dit
Baronius, sed quod suam incontinentiam manifestent. »

Sous l'influence de ces idées, les empereurs chrétiens
organisèrent une nouvelle législation sur les seconds mariages. Non-seulement, comme nous l'avons déjà dit, ils

(1) Epist. ad Corinth., I, cap. VII, 39.
(2) Epist. XXVI.
(3) S. Paul, ad. Timoth., I, cap. V, 9.
(4) Constit. apost., cap. VIII, 15.

portèrent de dix mois à un an le délai de deuil imposé à la
veuve ; non-seulement ils prononcèrent contre elle des
peines fort graves lorsqu'elle ne s'y soumettait pas, mais,
et c'est le côté original de leur œuvre, ils édictèrent contre
les époux remariés toute une série de dispositions auxquelles on a donné le nom de peines des secondes noces.

A notre avis, cette dénomination est inexacte ; sans doute
le législateur chrétien fût loin d'encourager les seconds
mariages, il les réprouva même ; mais on ne saurait prétendre pour cela que, poussé par un sentiment de réaction
religieuse, il ait voulu les frapper et les interdire.

S'il en avait été ainsi, les mesures restrictives que nous
allons étudier auraient été en vigueur dans tous les cas ;
or, elles ne s'appliquaient que si l'époux remarié avait des
enfants d'une première union (1). C'est donc qu'elles
avaient été ordonnées seulement dans l'intérêt de ces
enfants.

Nous n'avons jusqu'à présent trouvé dans les lois romaines aucune disposition sur ce point. Et cependant il y avait
là une situation vraiment digne d'intérêt ; car, suivant la
remarque de M. Troplong, « souvent les enfants d'un premier lit sont oubliés par des mères imprudentes ou sacrifiés
à des marâtres jalouses. » Il fallait donc leur venir en aide
et sauvegarder leurs intérêts ; on n'en fit rien, dans la
crainte d'entraver les seconds mariages que l'État avait intérêt à voir le plus nombreux possible.

Il ne faudrait pas croire pour cela que les inconvénients
que nous venons de signaler eussent échappé aux jurisconsultes. Gaïus nous parle de ces veufs qui, prévenus par une
nouvelle épouse, séduits par ses flatteries, déshéritaient
leurs enfants. « Maligne circa sanguinem suum inferentes
judicium, novercalibus delinimentis instigationibusve cor-

(1) Nov. XXII, cap. xxiii.

rupti (1). » Et, parait-il, à Rome il en était souvent ainsi, si l'on en croit cette mélancolique réflexion de Sénèque le philosophe : Il n'est personne à qui une marâtre, même bonne, n'ait coûté bien cher. « Nulli non magno constitit et bona noverca (2).

Il appartenait aux empereurs chrétiens de prévenir ces abus, et de protéger les enfants issus d'un premier mariage.

Tout d'abord, Théodose-le-Grand, dans une constitution célèbre, connue sous le nom de loi *fœminæ*, décida qu'une veuve qui se remariait, ayant des enfants d'un premier lit, devait leur conserver tout ce qu'elle avait reçu de son mari à quelque titre que ce fût (3). Peu importait que ces libéralités eussent été faites par le premier époux ou par un tiers au nom de cet époux (4).

Ces dispositions furent étendues aux veufs par Théodose II et Valentinien (5), mais la loi demeura toujours plus sévère pour la femme.

En effet, dans le cas où elle succédait à un de ses enfants, elle était encore obligée de restituer aux frères et sœurs du défunt tout ce qu'elle avait reçu soit par testament, soit en vertu du sénatus-consulte Tertullien (6).

C'était bien rigoureux ; le législateur le reconnut lui-même. Il distingua entre les biens donnés à l'enfant par le père, et ceux qui provenaient d'une cause étrangère. La femme n'eut toujours que l'usufruit des premiers, mais quant aux seconds, on lui en laissa la pleine propriété (7).

(1) Loi 4. D. *de inoff. testam.*
(2) Consol. ad Helv., cap. II.
(3) Loi 3. C. *de sec. nupt.*
(4) Nov. XXII, cap. xxxiii.
(5) Loi 5. C. *nost. tit.*
(6) Loi 2, § 1. C. *nost. tit.*
(7) Loi 5. C. ad Senatus c, Tertul.

Bien plus, la même règle fut appliquée pour les biens paternels lorsqu'ils lui étaient laissés par l'enfant (1).

Enfin la novelle II, cap. III, autorisa la mère à succéder
dans tous les cas à son enfant, qu'elle contractât ou non un
nouveau mariage. Pour ce qui est de la dotation *ante nuptias*, Justinien prit soin de dire qu'elle ne faisait pas partie
de la succession ; la veuve n'avait donc toujours sur elle
qu'un simple droit d'usufruit (2).

Dans tous les cas où l'époux survivant n'avait que l'usufruit des biens à lui laissés par son conjoint, il devait les
conserver et les administrer avec sagesse. Il avait l'usufruit
des immeubles et des esclaves, mais il ne pouvait garder
les choses mobilières qu'après les avoir fait estimer et fourni
une caution, sinon elles restaient dans la possession des
enfants qui, du reste, pouvaient toujours les conserver en
donnant, eux aussi, une caution et en payant à leur auteur
les intérêts à 3 % du prix d'évaluation (3).

Comme on le voit, l'époux remarié n'avait qu'un droit
de jouissance sur ce qu'il avait reçu de l'époux défunt.
Dans le cas où il avait aliéné quelque objet, les enfants
pouvaient, à son décès, le revendiquer entre les mains des
tiers, pourvu seulement qu'ils eussent accepté la succession du dernier mourant (4).

Plus tard, on exigea pour seule condition à l'exercice de ce
droit, qu'ils ne fussent pas coupables d'ingratitude envers
leurs parents. Les tiers détenteurs pouvaient opposer à la
revendication une possession de trente ans ; cette prescription commençait à courir contre les enfants du jour où ils
avaient atteint leur majorité (5).

(1) Nov. XXII. cap. XLVI, § 1.
(2) Nov. II . cap. III, § 1.
(3) Loi 6, § 1. C. *nost. tit.*
(4) Loi 5, § 1. C. *nost. tit.*
(5) Nov. XXII, cap. XXIV.

Ce n'est pas la seule innovation de Justinien sur cette matière, la loi *fœminæ* permettait à l'époux remarié de choisir entre les enfants d'un premier lit celui qui serait gratifié de la restitution ; il décida que tous en bénéficieraient. Dorénavant l'aliénation antérieure à la nouvelle union put être aussi critiquée par les enfants (2). Enfin il étendit la nécessité de conserver les gains nuptiaux au cas où le mariage était dissous par le divorce (3).

Certains auteurs, notamment Menochius (4), ont prétendu que si l'époux binube redevenait veuf, les déchéances que nous venons d'étudier cessaient par là même. Ce sont des pénalités, disent-ils, qui doivent disparaître du jour où la faute elle-même n'existe plus. Nous avons vu qu'il est impossible de donner aux dispositions des empereurs chrétiens un caractère pénal. Elles ont simplement pour but de protéger les enfants contre les inconvénients d'un second mariage ; mais ces inconvénients peuvent survivre au mariage lui-même. La question ne se présente pas, du reste, dans le cas où la nouvelle union a été féconde, car le législateur a formellement prévu cette hypothèse. Les enfants du premier lit ont un droit exclusif sur les biens donnés par leur auteur ; il en est de même pour les enfants du second lit, quant aux biens provenant du second conjoint ; pour ce qui est du reste de la succession, tous viennent en concours (6). La solution serait la même, s'il y avait des enfants d'un troisième ou d'un quatrième mariage.

Lorsque l'époux survivant ne contractait pas une nouvelle alliance, il avait la pleine propriété des gains nup-

(1) Nov. XXII, cap. xxv.
(2) Nov. II, cap. ii.
(3) Nov. XXII, cap. xxx.
(4) Menochius, liv. III, Consil. 278 (cité par Voët).
(5) Voët. Comment. ad pand. *de rit. nupt.*
(6) Nov. XXII, cap. xxix.

tiaux. Il pouvait en disposer librement et en dépouiller ses enfants par une institution générale (1). S'il ne l'avait pas fait, ceux-ci pouvaient les revendiquer à sa mort, sans pour cela être obligés d'accepter la succession (2).

Plus tard les enfants eurent ce droit toutes les fois que le testateur n'avait pas disposé formellement par legs ou par fidéicommis en faveur d'un étranger (3).

Bientôt même on ne laissa plus au veuf et à la veuve que l'usufruit de la dot ou de la « donatio propter nuptias (4) ». Enfin, revenant sur sa décision, Justinien voulut récompenser la continence et la fidélité de l'époux non remarié ; aussi lui accorda-t-il, outre l'usufruit des *lucra nuptialia*, une part d'enfant en pleine propriété (5).

Toutes les mesures restrictives imaginées par les empereurs chrétiens ne s'appliquaient pas, comme nous l'avons dit, lorsque l'épouse binube n'avait point d'enfants issus d'une première union. Il en était encore de même dans le cas où tous ses enfants du premier lit venaient à mourir (6), le législateur ayant ainsi généralisé une clause qui intervenait très-souvent entre conjoints et que les textes appellent « pactum orbitatis », « pactum non existentium liberorum ».

En vertu de ce pacte, l'époux survivant prenait tout ou partie des gains nuptiaux, lorsque tous les enfants décédaient avant lui. Cette convention fut encore plus usitée du jour où la novelle XCVIII, cap. I eût décidé que remarié ou non, cet époux n'aurait jamais que l'usufruit des *lucra nuptialia*. Le pacte lui conférait une sorte de propriété

(1) Loi 6, § 3. C. *nost. tit.*
(2) Loi 8, § 1. C. *nost. tit.*
(3) Nov. XXII, cap. xx.
(4) Nov. XCVIII, cap. I.
(5) Nov. CXXVII, cap. III.
(6) Loi 3, § 1. C. *nost. tit.*

conditionnelle, mais alors les aliénations consenties par lui n'étaient pas radicalement nulles ; la novelle II, cap. II en tira cette conclusion et déclara qu'elles auraient plein et entier effet toutes les fois que le *pactum orbitalis* pourrait être convoqué ; or, il fallait pour cela que tous les enfants fussent prédécédés. Sous Justinien, cette condition n'est plus nécessaire. La mort d'un seul enfant suffit pour que la stipulation soit valable ; dans ce cas le père ou la mère peuvent retenir sur la dot ou sur la donation *ante nuptias* une part proportionnelle au nombre des enfants vivants (1) et l'aliénation sera validée pour cette partie ; mais il faut toujours supposer que l'enfant est mort sans postérité ; s'il laisse des descendants, ceux-ci le représentent mais seulement pour la part à laquelle il avait droit (2).

Jusqu'à présent nous avons supposé que l'un des conjoints dispose en faveur de l'autre de la propriété de ses biens ; la loi unique au Code, *si sec. nups. mul. cui mar. usumfr. reliq.* prévoit l'hypothèse où un mari laisse en mourant à sa femme l'usufruit de sa fortune. Si cette femme se remariait, une constitution des empereurs Valentinien et Théodose lui faisait perdre le bénéfice de cette libéralité et elle devait aussitôt restituer aux enfants les biens dont elle jouissait.

Il pouvait arriver que si ces enfants étaient en bas âge, elle ne fît pas nommer de tuteur, afin de n'être pas inquiétée dans sa jouissance. Elle était tenue alors non seulement de la restitution des objets, mais encore de tous les fruits qu'elle avait perçus.

Justinien décida que l'usufruit laissé à l'époux survivant par son conjoint ne serait révoqué que dans le cas où il lui aurait été donné sous la condition de ne pas contracter un nouveau mariage (3).

(1) Nov. XXII, cap. xxvi.
(2) Loi 8. C. *nost. tit.*
(3) Nov. XXII, cap. xxxii.

Il ne faudrait pas croire qu'une condition de cette sorte ait de tout temps été considérée comme valable ; il en fut ainsi seulement dans le dernier état du droit. Auparavant, malgré la faveur des testaments, malgré le respect que l'on avait à Rome pour les dernières volontés du défunt, elle ne produisait aucun effet. Ainsi le décidait la loi *Julia Miscella*.

Suivant quelques auteurs, cette loi de date incertaine aurait été proposée par un certain Julius Miscellus, personnage demeuré inconnu. Justinien lui attribue lui-même cette origine (1).

Malgré cette autorité, Heineccius (2) n'y voit qu'un chapitre des lois caducaires. On lui avait donné le nom de *miscella*, dit-il, parce que différents sujets y étaient traités ; tel est aussi l'avis de Cujas, qui cependant explique le mot *miscella* d'une autre manière.

Il aurait été ajouté à ce chapitre de la loi *Julia*, parce que les dispositions qui y étaient mentionnées s'appliquaient à la fois aux hommes et aux femmes.

Aux termes de la loi *Miscella* ou de ce chapitre de la loi *Julia*, suivant que l'on adopte l'une ou l'autre des opinions que nous venons d'indiquer, l'époux qui avait reçu de son consort un legs sous la condition « si non nupserit », pouvait se remarier et conserver la disposition faite en sa faveur. Toutefois, s'il n'était pas lié par la condition, il ne lui était pas permis, en ne s'y soumettant point, de se trouver dans une situation meilleure que s'il lui avait obéi. C'est ce qui nous explique la solution donnée dans la loi 74, au Digeste. *de condit. et dem.* Papinien suppose qu'un testateur a légué une même chose conjointement à un tiers et à sa femme sous la condition que celle-ci ne contracte pas un

---

(1) Nov. XXII, cap. xliii.
(2) Ad. leg. Pap., liv. II, 16.

nouveau mariage. Elle se remarie ; si l'on appliquait rigou-
reusement les principes de l'accroissement, non-seulement
puisque la condition est nulle à son égard, elle devrait
garder sa part de la libéralité, mais encore elle aurait le
droit de recueillir celle du tiers vis-à-vis duquel la condition
a fait défaut. Il y aurait eu là quelque chose d'injuste.
Aussi le jurisconsulte décide que le colégataire conservera
sa part, tout comme si la femme avait suivi la volonté du
défunt.

Remarquons que pour avoir le droit d'invoquer le
bénéfice de la loi *Miscella*, l'époux survivant était obligée de
déclarer, pendant l'année de deuil, qu'il avait l'intention de
se remarier dans le but louable d'avoir des enfants. Sinon
et le délai d'un an écoulé, la condition *si non nupserit* devait être observée, et alors, pour obtenir la dé-
livrance du legs certaines formalités devaient être remplies.
Le conjoint faisait le serment solennel de ne point se
remarier, il lui fallait en outre fournir la caution mu-
cienne qui garantissait la restitution du legs dans le cas où
il manquerait à ses engagements.

Sous Justinien, la condition de ne pas se remarier est
toujours valable. Toutefois, pour se faire délivrer la libéralité faite avec cette clause, on n'est plus obligé de prêter
le serment exigé par la loi *Miscella*, car le législateur a
remarqué que l'on jurait toujours, sans pour cela tenir
souvent sa promesse « ce qui, dit-il, offense à la fois et Dieu
et la mémoire du défunt. « Quod Deum simul et animam
defuncti contristat » (1). Mais il est toujours nécessaire de
donner une caution ou encore une hypothèque. A défaut
de ces sûretés, la restitution du legs, en cas de contravention, est garantie par une hypothèque légale. « Non
aliter capiat nisi juratoriam cautionem exposuerit, et

_____

(1) Nov. XXII, cap. xliii.

supposuerit suas res, hoc quod et tacite ex hac lege damus, ut si ad secundas venerit nuptias, reddat quod datum est (1). »

Ce texte a donné lieu à une autre interprétation, que nous trouvons indiquée par M. Jourdan (2). D'après quelques auteurs, Justinien, dans cette novelle, imposerait simplement l'obligation de promettre la restitution et la garantie de la libéralité, mais il n'accorderait pas le moins du monde une hypothèque légale. Les mots « hoc quod et tacite ex hac lege damus » signifient seulement que le législateur ne demande qu'une simple promesse de rendre, là où l'on exigeait autrefois un serment solennel.

Cette explication est ingénieuse ; mais, comme le fait remarquer l'auteur dont nous venons de parler, elle donne aux mots « tacite lege dare », et cela sans aucun motif, un sens tout autre que celui dans lequel on les prend habituellement. Pourquoi ne pas dire plutôt que là, comme dans la plupart des textes où ces termes sont employés, nous devons les entendre tout naturellement de la concession d'une hypothèque légale ?

Quoiqu'il en soit, cette hypothèque existait certainement lorsque l'époux remarié avait des enfants d'un premier lit et par suite était forcé de leur restituer à son décès les biens qu'il avait reçus du défunt. Et non-seulement elle frappait les biens grevés de restitution mais encore tout le reste de la fortune du binube (3).

Cette obligation de restituer les gains nuptiaux n'était pas, dans la législation des empereurs chrétiens, la seule mesure qui atteignît le conjoint remarié ayant des enfants d'une première union. Les empereurs Léon et Anthémius

(1) Nov. XXII, Hoc cap., § 2.
(2) L'Hypothèque. Et. de dr. rom.
(3) Loi 8, § 4. C. nost. tit.

par une constitution fameuse connue sous le nom de loi *Hac edictali*, lui défendirent de donner à son nouvel époux une part plus forte que celle qui revenait à l'enfant d'un premier lit. S'il y avait plusieurs enfants institués inégalement, la part de l'époux était celle de l'enfant qui prenait le moins (1).

La loi *Hac edictali* s'appliquait, de quelque manière que la libéralité eût été faite ; que ce fût par testament, codicille, legs, donations à cause de mort, ou donations entre vifs dans le cas où elles étaient autorisées par le sénatus-consulte de Caracalla (2).

C'est au moment de la mort du disposant qu'il fallait se placer pour savoir s'il n'avait pas dépassé la quotité disponible. Remarquons qu'il y avait une hypothèse où le nouvel époux pouvait être gratifié d'une part plus grande que celle de l'enfant le moins prenant, c'est lorsque le défunt avait laissé à cet enfant une portion de biens moindre que celle qui lui était accordée par la loi Falcidie ; dans ce cas, la marâtre ou le beau-père avaient cependant le droit de prendre la quarte légitime (3).

Toutes les fois que la réduction devait avoir lieu, elle était faite au profit des enfants du premier lit, et ce n'était que justice, puisque cette disposition avait été prise dans leur intérêt. Justinien décida que les enfants des deux mariages en bénéficieraient (4). Puis il donna à nouveau la préférence aux enfants issus de la première union, par ce seul motif que tel était son bon plaisir. « Hoc tamen etiam nunc nobis placet (5). »

(1) Loi 6. C. *nost. tit.*
(2) Loi 32. D. *de jure dot.*
(3) Loi 6. C. *nost. tit.*
(4) Loi 9. C. *nost. tit.*
(5) Nov. XXII, cap. xxvii.

Si le binube était obligé de garder une certaine mesure
dans les libéralités qu'il faisait à son conjoint, il était libre
de disposer comme bon lui semblait en faveur des enfants
issus du mariage actuel (1), comme en faveur de tout autre
personne. Quant aux autres enfants, ils ne pouvaient pas
se plaindre, pourvu qu'ils eussent leur légitime. Toutefois
le législateur recommandait à l'époux remarié qui avait des
enfants de plusieurs unions, de ne pas oublier qu'il avait
donné le jour aux uns et aux autres. « Providere quidem et
secundis providere autem et primis, cogitantes quoniam
ambo filii sunt et ita facientes successionum in testamentis
divisionem.

Si quelques-uns des enfants du premier lit étaient coupables d'ingratitude, ils pouvaient fort bien être exhérédés,
à la condition qu'ils le fussent pour une des causes énumérées par la loi (2). Le nouvel époux n'en souffrait pas,
car il avait le droit d'être institué pour une part égale à
celle de l'enfant le moins prenant, *appelé à la succession.*

Sous l'empire de la loi *hac edictali*, il n'en était pas de
même : le nouvel époux était assimilé d'une façon générale
à l'enfant le moins prenant. Or, il pouvait se faire que la
part de l'enfant le moins prenant fût réduite à rien, dans
le cas où il avait été exhérédé, et alors le nouveau conjoint
n'avait plus aucun droit. Le binube se trouvait donc dans
la triste alternative ou de ne pas punir son enfant pour être
libre de disposer en faveur de son conjoint, ou d'atteindre
celui-ci en sévissant contre un fils dénaturé. Les enfants
profitaient de cet état de choses et n'avaient plus aucun
égard envers les parents. « Omni licentia et lascivia suos
genitores afficiebant. » C'est à ces abus que Justinien voulut remédier en décidant que l'exhérédation d'un enfant

(1) Nov. XXII, cap. xlviii.
(2) Loi 10. C. *nost. tit.*

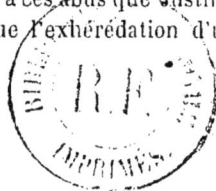

ingrat n'empêcherait pas le père ou la mère de gratifier sa nouvelle femme ou son nouveau mari ; de telle sorte que si tous les enfants avaient été exhérédés pour une juste cause, ce conjoint pouvait prendre la totalité de la succession.

La réduction établie par la loi *hac edictali* en faveur des enfants issus d'une première union, avait cela de particulier qu'elle constituait un bénéfice qu'il était défendu de leur enlever, même indirectement, sauf toutefois le cas d'ingratitude.

Voilà pourquoi, contrairement aux principes (1), la dot ou la donation *propter nuptias* ne pouvaient pas être diminuées pendant le cours du second mariage. En effet, peut-être ces libéralités étaient excessives, mais alors les enfants du premier lit avaient droit à la réduction, et il n'était pas permis à l'époux donateur de les priver de cet avantage, de ce *lucrum*, comme dit le législateur (2), en diminuant la dot et en replaçant l'excédant dans le patrimoine commun, ce qui, en fin de compte, constituait une véritable réduction.

Les lois *fœminæ* et *hac edictali* ne sont pas les seules dispositions des empereurs chrétiens sur les seconds mariages : la novelle XXII *de nuptiis* renferme encore un certain nombre de règles moins importantes, que nous allons sommairement examiner.

La mère tutrice de ses enfants qui s'était remariée, « contra sacramentum, » avant que la tutelle fût expirée (3), était frappée des déchéances prononcées contre la veuve qui n'avait pas observé le délai de deuil. Toutefois, elle échappait à ces pénalités si, avant de contracter une

---

(1) Lois 19, 20. C. *de don. ant. nupt.*
(2) Nov. XXII, cap. xxxi.
(3) Loi 2, C. *quand. mul. tut. off.*

nouvelle union, elle avait fait nommer un tuteur, rendu ses comptes et soldé le reliquat (1).

Du reste, comme dans le cas d'un mariage prématuré, la mère tutrice qui n'avait pas rempli son devoir, pouvait se faire relever des déchéances qui la frappaient en adressant une supplique à l'empereur, et en donnant à ses enfants d'un premier lit la moitié de tous ses biens (2).

Cette donation était irrévocable, même pour cause d'ingratitude. Il en était du reste ainsi pour les autres libéralités que la mère avait pu faire à ses enfants avant de se remarier (3).

On craignait sans doute qu'elle obéît à des entraînements irréfléchis, en demandant plus tard la révocation de la donation. Ce droit lui était accordé toutefois, si l'enfant donataire avait porté sur elle des mains impies, s'il avait attenté à ses jours, enfin s'il avait essayé de lui faire perdre sa fortune (4).

C'est encore par un sentiment de défiance que, dans le chapitre XLI, on déclarait que le père remarié cessait d'être dispensé de fournir la « cautio legatorum servandorum causa, » dans le cas où il avait reçu un legs avec charge de le transmettre à un enfant du premier lit, sous condition ou à une époque déterminée. Théodose lui avait même enlevé l'usufruit des biens maternels (5); plus tard ce droit lui fut restitué.

Mentionnons en terminant le chapitre XLII, d'après lequel le veuf remarié ne pouvait pas parvenir aux fonctions sacerdotales.

Il était défendu de l'élever au-dessus des ordres mineurs;

(1) Nov. XXII, cap. XL.
(2) Nov. XXII, cap. XXII.
(3) Loi 7. C. de revoc. don.
(4) Cap. XXXV.
(5) Loi 3. C. Th. de bonis mat.

il sacrifiait ainsi, comme le remarque Justinien, l'avancement à l'affection. « Affectum præponens meliori provectui (1). »

Aux termes du chapitre xxxvi, l'épouse binube cessait de jouir des dignités et priviléges de son premier mari. Enfin, en cas de divorce, la femme que son patron avait affranchie et épousée ensuite ne pouvait, sans le consentement de celui-ci, contracter une nouvelle union (2)

A côté de ces réformes si sages, si prévoyantes que nous venons d'étudier, pourquoi faut-il trouver des dispositions contradictoires ou ridicules. C'est ainsi que, détruisant l'œuvre de ses prédécesseurs, l'empereur Léon défendit aux veufs de contracter un second mariage. Il trouvait, dit-il, honteux pour l'homme de se laisser vaincre par les bêtes qui ne veulent pas, après une première union, en consommer une seconde (3) !

Constantin Porphyrogénète alla plus loin. Il déclara que ceux qui se remarieraient quatre fois seraient excommuniés.

Quand on passait à de troisièmes noces, ayant quarante ans écoulés, on était privé de l'eucharistie pendant cinq ans ; toutefois on pouvait la recevoir le jour de Pâques. Si l'époux remarié pour la troisième fois avait plus de trente ans, il lui était défendu de communier pendant quatre années excepté les jours de Pâques, de l'Assomption et de Noël.

Il était interdit aux prêtres d'aller contre ces prohibitions sous peine d'être déposés.

Assurément on ne comprend pas que dans une loi civile on puisse prononcer des pénalités religieuses, mais cela ne doit pas trop nous étonner des empereurs grecs si l'on réfléchit qu'ils se piquaient tous d'être quelque peu théologiens.

(1) Cap. xxxiv.
(2) Loi 1. C. *de inc. et inut. nupt.* — Nov. XXII, cap. xxxvii.
(3) Nov. XC.

Du reste, ces dispositions bizarres n'enlèvent rien au mérite des mesures si sensées et si protectrices que les empereurs Constantin, Théodose, Justinien prirent en faveur des enfants issus d'une première union. « Ces lois, dit M. Troplong, sont un heureux mélange de garanties pour les mœurs, pour la famille, pour la multiplication de l'espèce. Elles distinguent avec sagesse les préceptes et le conseil, les devoirs sociaux et la perfection ascétique, c'est une conciliation prudente de la pensée de l'Eglise et des besoins de la politique. » En effet le législateur chrétien est arrivé à résoudre ce problème difficile, laisser une certaine liberté à l'époux survivant, et toutefois protéger la famille existante, lui assurer son patrimoine, enfin, comme le remarque M. Troplong, la préserver des orages, que font naître les querelles d'intérêt entre les enfants de différents lits.

# ANCIEN DROIT

## CHAPITRE PREMIER

### Lois barbares.

Les peuples germaniques, au témoignage de Tacite, n'avaient pas sur le mariage les mêmes idées que les Romains. Chez eux, les femmes se mariaient vierges et pour une seule fois ; elles n'avaient jamais qu'un époux, comme elles n'avaient qu'un corps et qu'une vie. « Tantum virgines nubunt, et cum spe votoque uxoris semel transigitur. Sic unum accipiunt maritum quomodo unum corpus unamque vitam. Nec ulla cogitatio ultra, nec longior cupiditas, ne tanquam maritum sed tanquam matrimonium ament (1). »

Le veuf lui-même, sans toutefois être tenu d'observer la continence que les usages et les lois imposaient à la veuve, devait conserver le souvenir de celle qui n'était plus. « Feminis lugere honestum est, viris meminisse (2).

Ces sentiments si nobles, épurés par le christianisme, ont inspiré les lois barbares. Nous y trouvons, en effet, toute une série de dispositions en faveur des femmes qui restent jusqu'à la mort fidèles à la mémoire de leur mari.

(1) Germ., XIX.
(2) Ibid., cap. XXVII,

Chacun est tenu de les respecter. *Viduæ rectam pacem
habeant.* En justice leurs procès sont examinés avant tous
les autres (1). Les évêques (2) et les comtes (3) doivent
leur venir en aide. Bien plus, le roi lui-même les prend
sous sa protection et se déclare leur défenseur (4).

Toutefois, pour être vus avec défaveur, les seconds mariage n'en étaient pas moins autorisés, excepté dans le cas
où la veuve avait pris le voile. Elle faisait alors un vœu de
continence qu'elle ne pouvait violer plus tard, sous peine
d'être condamnée, ainsi que son complice, à un exil per-
pétuel (5). Hormis cette hypothèse, la veuve, comme le
veuf, étaient libres de contracter une nouvelle union ; mais
alors la femme était atteinte de certaines déchéances pécuniaires qui ne se comprennent pas très-bien si l'on
n'examine, tout d'abord, les droits dont elle jouissait.

Chez les Germains ce n'était pas l'épouse, nous dit Tacite,
qui apportait une dot au mari, mais l'époux qui l'apportait à
sa femme (6). Cette coutume se perpétua, et nous voyons dans
les lois barbares que le mari achetait sa femme *per solidum
et denarium.* Pour cela, il lui faisait une donation que l'on
trouve désignée sous les noms différents de *dotalitium,* de
*maritagium,* de *donatio propter nuptias,* de *doarium* et de
*wittemon.* En outre, le lendemain des noces, il la gratifiait
d'un second présent appelé don du matin ou *morgengabe*
qui était comme le prix de sa condescendance et du sacrifice qu'elle venait de faire.

L'épouse, même après le décès de son mari, avait la pleine

(1) Heinnecuis. Corp. jur. germ. Capitul. Karol. magn., lib. II,
tit. xxxiii.

(2) Capit., lib. V, tit. clxxxii.

(3) Capit., lib. II, tit. vi.

(4) Capit., lib. I, tit. xcvi.

(5) Capit., lib. VI, tit. ccccxi.

(6) Tacite. Germ. XVIII.

propriété du *morgengabe* (1) ; quant à la dot, elle appartenait à ses parents, comme prix du *mundium* ou puissance paternelle dont ils s'étaient dessaisis ; toutefois la femme en conservait une certaine portion (2).

Et maintenant, quelle était l'influence d'un second mariage sur la dot et sur le *morgengabe* ? Il est certain que la veuve remariée conservait la part de dot à laquelle elle avait droit (3), quitte à être obligée de la restituer à son décès, si elle avait des enfants d'un premier lit. La loi des Burgondes seule lui enlève ce bénéfice (4), et encore, dans un autre texte, elle le lui accorde expressément. *Omnia perdat dote tamen servata* (5).

Pour ce qui est du *morgengabe*, l'épouse binube le perdait toujours (6). Elle était en outre privée, par la loi des Bavarois, de l'usufruit que le législateur accordait à la veuve (7).

Enfin, d'après la loi franque, une femme ne pouvait nouer de nouveaux liens que trente jours après le décès de son mari ; celui qui l'épousait auparavant était condamné à une amende de 60 *solidi* (8).

L'édit de Théodoric était plus rigoureux ; il imposait un délai de viduité d'un an et prononçait la peine de l'infamie lorsqu'il n'était pas observé (9).

A côté de ces différentes règles évidemment inspirées par

(1) Rotharis leges, tit. CLXXXII.
(2) Leg. Burgund, tit. XIV.
(3) Leg. Burg., tit. XXIV. — Leg. Alaman, tit. LV. — Leg Baiuv. tit. XIV.
(4) Tit. LXIX.
(5) Tit. XLII, § 2.
(6) Leg. Burg., tit. XLII, § 11. — Leg. Wisigoth, lib. IV, tit. II.
(7) Tit. XIV, cap. VII.
(8) Capital. Kar. magn., lib. IV, tit. XVII.
(9) Edict. Theoderici regis, XXXI.

la législation romaine, nous trouvons dans la loi salique une coutume vraiment neuve et originale.

Nous avons vu que celui qui voulait épouser une vierge était obligé de l'acheter en quelque sorte à ses parents, afin d'acquérir sur elle le *mundium*. De même, quand on était désireux de se marier avec une veuve, il fallait tout d'abord payer aux parents du premier mari une certaine somme appelée *Reipus*.

Le législateur s'exprimait ainsi à ce sujet :

§ 1. — S'il arrive qu'un homme laisse en mourant une veuve, et que quelqu'un veuille épouser cette veuve, le centenier « tunginus aut centenarius » indiquera un jour de plaid « mallum. » Dans le mail il doit y avoir un *bouclier*, et trois hommes doivent plaider trois procès ; puis alors celui qui veut épouser la femme se présentera avec trois témoins ou garants, et en outre avec trois *solidi* et un denier de bon poids. Cela fait, qu'il reçoive la veuve.

§ 2. — Si cette formalité n'a pu être remplie, qu'on le condamne à payer MMD deniers, ce qui fait LXII *solidi*.

§ 3. — Que si, au contraire, on exécute fidèlement la loi, et que celui à qui on doit le *Reipus* ait accepté les trois *solidi*, alors que le mariage soit légitimement contracté.

§ 4. — Voyons maintenant à qui est dû le *Reipus*.

§ 5. — S'il y a des neveux, fils de la sœur, que l'aîné de ces neveux reçoive le *Reipus*.

§ 6. — S'il n'y a point de neveux, qu'on donne le *Reipus* au fils aîné de la nièce.

§ 7. — A défaut du fils de la nièce, il est dû au fils de la cousine maternelle.

§ 8. — A défaut du fils de la cousine, à l'oncle frère de la mère.

§ 9. — A défaut d'oncle maternel, au frère du premier mari, pourvu toutefois que ce frère n'hérite pas du défunt.

§ 10. — A défaut du frère du mari, que le plus proche

dans la ligne reçoive le *Reipus,* pourvu toutefois qu'il ne soit point héritier du défunt.

§ 11. — Passé le sixième degré, le *Reipus* ou l'amende appartiennent au fisc (1).

Remarquons, sans toutefois chercher à en donner l'explication, que le *Reipus* était le double du prix payé pour le *mundium* d'une vierge. De même, il est difficile de dire pourquoi il appartenait non pas aux héritiers les plus proches de la femme, mais aux parents mâles les plus proches par les femmes. Par exemple : au fils de la sœur, au frère de la mère, au cousin maternel.

En outre du *Reipus* que le mari d'une veuve devait fournir, celle-ci était obligée de payer au père ou à la mère de son premier mari, à leur défaut à son frère ou au fils de son frère, et même au fisc, en cas de prédécès de tous les ayants-droit, une somme appelée *achasius,* proportionnelle à l'importance de la dot dont elle jouissait. Elle était censée acheter ainsi la paix de la famille (3).

Enfin, d'après les Capitulaires découverts par M. Pertz, la femme remariée devait laisser dans la maison conjugale un banc avec sa garniture, un lit avec ses couvertures et tous ses ornements, plus, un certain nombre des sièges qu'elle avait apportés de la maison paternelle (4). Cette coutume est touchante, et, comme le dit M. Laboulaye, renferme je ne sais quoi de chaste et de naïf qui rappelle les plus beaux usages de l'antiquité.

Le veuf qui contractait un second mariage n'était pas obligé de donner ni *Reipus* ni *achasius* ; toutefois il était

(1) Loi saliq., tit. XLVI, cap. VII. *Traduction de M. Laboulaye.*
(2) M. Laboulaye. Recherches sur la condition civile et polit. des femmes.
(3) Léhuërou. Histoire des Instit. Caroling., tom. II.
(4) Chlodovechi regis Capitul.

frappé de certaines déchéances. Il ne pouvait pas laisser à sa seconde femme la dot qu'il avait reçue de la première, s'il existait des enfants de sa première union. N'en avait-il point, il lui fallait rendre aux parents de la femme le tiers de la dot (1).

La loi des Wisigoths ordonnait au veuf remarié, ayant des enfants d'un premier lit, d'inventorier tous les biens qui leur appartenaient et de fournir une caution. « Inventarium de rebus filiorum suorum, manu sua conscriptum strenue faciat (2) » S'il négligeait les intérêts de ses fils, le juge pouvait nommer comme tuteur le plus proche parent de la mère décédée. « Qui tuitionem pupillorum accipiebat. »

Ce droit de tutelle sur ses enfants était toujours enlevé à la mère remariée (3).

Jusqu'à présent nous avons supposé que le mariage était dissous par la mort de l'un des époux; il pouvait l'être aussi par le divorce que la plupart des coutumes barbares autorisaient. Mais l'Eglise s'efforça de le restreindre le plus possible. Grâce à son influence, un grand nombre de lois ne le permirent qu'au cas d'adultère prouvé. « Nullius virorum, excepta manifestæ fornicationis causa, uxorem suam aliquando relinquat (4).

Ce n'était pas suffisant; l'Eglise qui a toujours condamné le divorce déclarait que l'époux, même innocent, ne devait pas se remarier du vivant de son conjoint. Sans doute elle eut beaucoup à lutter avant de faire triompher ces principes élevés; après des siècles de résistance elle y parvint, et partout alors on pratiqua ces nobles préceptes que nous trouvons dans les Capitulaires : « Celui qui a répudié son épouse ne peut, s'il veut être vraiment chrétien, se rema-

(1) Capit. extravag. VIII.
(2) Loi des Wisigoths, lib. IV, xiii.
(3) Leg. Burg., tit. LXXXV, i. — Leg. Wisigoth, libr. IV, ii.
(4) Leg. Wisigoth, lib. III, ii.

rier avec une autre ; qu'il reste seul, ou bien qu'il pardonne. » « Quod si quisque propriam expulerit conjugem legitimo sibi matrimonio conjunctam, si christianus esse voluerit, nulli alteri copuletur, sed aut ita permaneat aut propriæ reconcilietur conjugi (1).

## CHAPITRE II

### Droit féodal.

Les lois barbares présentaient dans leur législation sur les seconds mariages un mélange un peu confus de coutumes originales et de dispositions empruntées au droit romain et au droit canonique. Peu à peu ces coutumes propres à tel ou tel peuple disparurent ; c'est ainsi que dès 819 Louis-le-Pieux abolit l'obligation du *Reipus* imposée par la loi salique. Bientôt même certaines règles, tirées de la législation de Justinien, furent abolies comme contraires à la doctrine du christianisme.

En effet, Alexandre III, en 1186, et Innocent III, en 1214, déclarèrent, en s'appuyant sur les paroles de l'apôtre saint Paul (2), que la veuve n'était assujettie à aucun délai de deuil, et pouvait se remarier quand bon lui semblait, sans pour cela être notée d'infamie. « Cum secundum apostolum

(1) Capitul. VI, LXXXVII.
(2) Epist. I, *ad Cor.*, cap. VII, 39.

mulier, mortuo viro suo, ab ejus sit lege soluta, et nubendi cui vult tantum in domino liberam habeat facultatem, non debet legalis infamiæ sustinere jacturam quæ licet post viri obitum intra tempus luctus, scilicet unius anni spatium nubat, concessa sibi tamen ab apostolo utitur potestate, cum in his præsertim seculares leges non dedignentur sacros canones imitari (1).

Cette décision fut confirmée en 1431 et 1448, par les conciles de Tours et d'Angers. Ces conciles allèrent même jusqu'à prononcer l'excommunion « contre ceux qui contribuaient aux jeux indécents appelés charivaris, auxquels donnaient lieu les secondes unions » (2).

Indépendamment des provinces où, comme le dit Beaumanoir, les veuves étaient sous la juridiction ecclésiastique, « le feme veve et tans de se veveté se justice par sainte Eglise » (3), la décrétale d'Innocent III fut suivie dans un grand nombre de pays de coutumes. C'est ainsi que nous lisons dans le livre de justice et de plet : « L'en demende se feme, dedans le tens qu'elle doit son mari plorer se se pot marier sanz estre mal renomée ? Et l'en dit que oï ; car demanois qu'il est morz est la femme delivre (4).

Dans les pays de droit écrit, on suivait toujours la règle romaine qui imposait à la veuve un délai de viduité d'un an ; cette disposition avait même été conservée par certaines coutumes. C'est ainsi que s'inspirant du droit romain, les assises de Jérusalem prononçaient des peines fort sévères contre « cele feme qui prent mari avant que l'an et le ior soit passé de la mort de l'autre baron, ou cele engroisse dedens celuy an mesmes. » Dans ce cas, la veuve

---

. (1) Decret., lib. IV, tit. xxi, *Cum sec. apost.*
(2) Mémoires du clergé de France, Verb. *Mariage*, VIII, p. 865.
(3) Coutumes de Beauvoisis, cap. XI, § 9, *Des cours d'eglise.*
(4) Li Livre de jostice et de plet, XXII, § 4 (édit. Rappeti).

coupable perdait son douaire et se trouvait incapable de recueillir ce que pouvait lui avoir laissé son mari » (1).

Dans le droit féodal, à part l'exception que nous venons de signaler, les époux remariés n'étaient frappés d'aucune des déchéances que nous avons trouvées, soit dans la législation du bas-empire, soit dans les lois barbares. C'est ainsi que leur capacité de disposer n'était nullement restreinte, et que l'épouse binube conservait son douaire sous la condition d'en bailler bonne et suffisante caution (2).

On a soutenu que le mari pouvait par une convention spéciale priver de son douaire la femme remariée (3). Cette opinion peut être discutée. Dans tous les cas, il était certainement permis aux époux de stipuler que le convol ferait perdre tout autres libéralités. C'est ce que décidaient les assises de Jérusalem dans l'hypothèse spéciale où la femme avait fait un legs à son mari sous la condition de ne pas se remarier. « Si tost com sa moillier est morte, celuy peut faire 'de ce qu'ele a donné toute sa volenté con dou cien propre. Mais se prenet puis moillier, la raison comande et iuge que les parens de sautre feme li pevent bien demander celuy dont que sa moillier li fist, et est tenu de rendre lor » (4). Si la femme n'avait plus de parents, le legs appartenait au seigneur.

Le seigneur pouvait, dans certains cas, ordonner à une femme de se remarier, c'est lorsque la veuve tenait en héritage ou en baillage un fief devant services de corps (5).

Certes ce droit est exorbitant, mais, il s'explique si l'on réfléchit qu'à l'époque féodale chaque seigneur avait sa petite armée qui guerroyait toujours d'un côté ou de l'autre.

(1) Assises de la baisse Cour, CLXIV. (Edit. Kausler.)
(2) Loisel. Instit. coutum. I, 175.
(3) Vid. Boissonnade. Hist. des dr. de l'époux surv.
(4) Assises de la baisse Cour, CXCV.
(5) Assises de haulte Cour, CCCXXVII.

Les exigences du service militaire voulaient donc qu'il y
eût un grand nombre de vassaux sous les armes, et pour
cela il fallait que tous les fiefs devant services de corps fussent détenus par des hommes. Voilà pourquoi, si une
veuve tenait un de ces fiefs, le suzerain avait le droit de
« lui faire semonce de prendre baron. » Du reste, elle pou -
vait toujours échapper à cette obligation en abandonnant le
fief au seigneur.

Le droit féodal, en laissant aux époux remariés la liberté
absolue de disposer de leurs biens, devait autoriser par là
même bien des injustices. Et, en effet, souvent les enfants
d'un premier lit se trouvaient injustement dépouillés de
leur fortune. La loi aurait dû, les protéger, et Beaumanoir
regrettait qu'elle fût muette sur ce point. On doit moult
secorre, disait-il, à cix qui déshérité en testament par
l'ennortement (1) de lor parrastres ou de lor marrastres ;
car il avient à le fois que le feme, por fere le volenté de son
secont mari, li laisse ou à ses enfants d'autre feme ses
muebles, ses conquêts et le quint de son héritage et en
deshirète ses hoirs. »

Ces scandales amenèrent une vive réaction contre les
seconds mariages et beaucoup de coutumes appliquèrent
les décisions prononcées par les tribunaux des pays de droit
écrit, mais, comme le dit Merlin, aucune de ces coutumes
ne s'accordait entièrement avec les autres, et même un
grand nombre renfermaient des dispositions contraires » (2).

En outre, dans certains pays, on suivait toujours les errements du droit féodal sur les secondes unions, aucune
mesure restrictive n'était prononcée, et, dans le silence
de la loi, Rebuffe nous apprend que les juges n'appliquaient
pas la législation romaine. « *Frustra disputatur de pœnis*

(1) Exhortation.
(2) Merlin. Répert. V. *Second. noc.*

*secundo nubentium, quia non servantur in hac patria con-
suetudinaria.* »

Il était donc à désirer que, par une loi générale, on fixât
les principes d'une manière uniforme. C'est ce que fit en
1560, le chancelier l'Hospital dans une ordonnance célèbre
connue sous le nom d'*Edit des secondes noces.*

# CHAPITRE III

### Edit des secondes noces.

Cette ordonnance fut rendue par François II, en 1560, à
l'occasion du second mariage de madame d'Aligre avec M.
de Clermont. Madame d'Aligre, qui possédait une très-
grande fortune, en avait dépouillé ses enfants au profit de
son nouvel époux, ne s'apercevant pas que celui-ci, comme
l'observe Cujas, en voulait beaucoup moins à elle qu'à ses
biens. *Non sentiens ab eo deamari et appeti sua bona, non
se* (1).

Ce fait causa un scandale tel que le chancelier l'Hospital
conseilla au roi d'intervenir et d'empêcher par une loi sage
et prudente que des injustices aussi criantes pussent se
reproduire à nouveau. Telle est l'origine de l'édit sur les
secondes noces et sur les donations y relatives qui fut
accueilli avec beaucoup de faveur dans tout le royaume.

On peut donc dire que le législateur n'était que l'inter-
prète de l'opinion publique, lorsqu'il disait dans les préam-
bules de l'édit :

(1) Cujas. Comment. *ad Hac leg. Edict.*

« Comme les femmes veuves ayant enfant ou enfans,
soient souvent invitées à nouvelles nopces, et non cognois-
sans estre recherchées plus pour leurs biens que pour leurs
personnes, elles abandonnent leurs biens à leurs nouveaux marys, souz prétexte et faveur du mariage leur font
donations immenses, mettans en oubly le devoir de nature
envers leurs enfans, de l'amour desquels tant s'en faut
qu'elles se deussent eslonger par la mort des pères, que
les voyans destitués du secours et ayde de leurs pères, elles
devraient par tous moyens s'exercer à leur faire le double
office de père et de mère : desquelles donations, outre les
querelles et divisions d'entre les mères et les enfants s'en
ensuit la désolation des bonnes familles, et conséquemment
diminution de la force de l'estat public ; à quoi les anciens
empereurs, zélateurs de la police, repos et tranquillité de
leurs subjets ont voulu pourvoir par plusieurs bonnes lois
et constitutions sur ce par eux faites. Et nous pour la mesme
considération et entendans l'infirmité du sexe, avons loué
et approuvé celles lois et constitutions. »

Ce ne sont pas là, à ce qu'il paraît, les seuls motifs qui
inspirèrent les dispositions restrictives que nous allons
étudier, et d'après Guy Coquille, un jurisconsulte contem-
porain qui, suivant la remarque de M. Laboulaye, devait
être dans les secrets de la loi, des raisons purement morales ne furent pas sans influence sur le chancelier l'Hospital.

« Ces coutumes et lois, dit-il, sont fondées en très juste
raison parce que ordinairement les femmes demeurant
veuves en moyen âge ou âge plus abaissé, sont plus ardentes
à désirer les mâles qu'en plus bas âge, ce qu'Ovide a
remarqué, parlant entre autres du trente-cinquième an
ou plus grand âge. »

L'édit des secondes noces se compose de deux chefs
dont le premier reproduit la loi *Hac edictali* et le second

la loi *Fœmine*. Nous ne l'étudierons pas d'une manière approfondie ; un grand nombre des difficultés que soulevait son application se retrouvent dans notre droit actuel où nous aurons à les examiner ; quant aux autres, il nous suffira de les mentionner car elles ne présentent plus qu'un intérêt historique. Le premier chef était ainsi conçu :

« Femmes veufves ayant enfant ou enfans de leurs enfans, si elles passent à nouvelles nopces, ne peuvent, ne pourront, en quelque façon que ce soit, donner de leurs biens meubles, acquest ou propres à leurs nouveaux marys, père, mère ou enfans desdits marys ou autre personne qu'on puisse présumer estre par dol ou fraude interposées, plus qu'à l'un de leurs enfans ou enfans de leurs enfans. Les donations par elles faites à leurs nouveaux marys seront réduites et mesurées à la raison de celuy des enfans qui en aura le moins. »

En vertu de cette première disposition, on considérait comme donations indirectes les avantages résultant des conventions matrimoniales ; avantages qui cependant, en général, étaient regardés comme des actes à titre onéreux. Toutefois, le douaire même conventionnel, pourvu qu'il ne dépassât pas le douaire coutumier, n'était point réputé une libéralité faite à la femme par son mari et par suite ne se trouvait pas sujet à réduction (1).

Pour calculer la part d'enfant, on ne comptait pas les renonçants ou indignes, mais seulement ceux qui venaient à l'hérédité. Dans le cas où la quotité disponible avait été dépassée, on admettait qu'il n'était pas nécessaire d'être héritier pour intenter l'action en réduction (2). La valeur obtenue au moyen de cette réduction se partageait également entre les enfants du premier et du second lit ;

(1) Pothier. *Traité du contr. de mar.*, n° 558.
(2) *Contr. de mar.*, n° 594.

Lebrun soutenait même (1), contrairement à l'opinion de Pothier (2), que l'époux donataire avait, lui aussi, le droit de venir en concours sur les biens réduits.

Disons, en terminant, qu'une jurisprudence constante étendait aux veufs remariés le premier chef de l'édit.

Le second chef s'exprimait ainsi :

« Au regard des biens à icelles veufves acquis par dons et libéralité de leurs défunts marys, elles ne peuvent et ne pourront faire aucune part à leurs nouveaux marys, ains elles seront tenuës les réserver aux enfans communs d'entre elles et leurs marys, de la libéralité desquels iceux biens leur seront advenus. Le semblable voulons estre gardé ès biens qui sont venus aux marys par dons et libéralité de leurs défunctes femmes, tellement qu'ils n'en pourront faire don à leur secondes femmes, mais seront tenus les réserver aux enfans qu'ils ont eus de leurs premières ».

Il est à remarquer que le second chef ne reproduisait pas cette disposition de la loi *fœminœ*, d'après laquelle la femme devait aussi conserver aux enfants d'un précédent lit les biens qu'elle avait recueillis dans la succession d'un enfant de ce premier lit.

La défense de donner au nouvel époux aucune portion des biens provenant du mari défunt ne s'appliquait pas au douaire légal qui était un avantage fait par la coutume plutôt que par le mari. Pour ce qui est du douaire conventionnel, on admettait généralement qu'il était nul (3).

Non-seulement la veuve n'avait pas le droit de disposer des gains nuptiaux en faveur de son nouveau mari, mais

---

(1) Lebrun. *Successions*, chap. VI, n° 19.
(2) Pothier, *Contr. de mar.*, n° 594.
(3) Pothier. *Contr. de mar.*, n° 606.

elle devait les conserver aux enfants du premier lit. Les commentateurs avaient vu là une véritable substitution légale, et la jurisprudence en avait conclu que l'époux défunt ne pouvait pas par acte exprès dispenser le donataire de cette charge de conserver et de rendre aux enfants les biens donnés (1).

Cette substitution s'éteignait dans le cas où tous les enfants étaient morts avant l'époux remarié, sans laisser aucune postérité.

Par l'édit de 1560, le législateur avait seulement indiqué les limites de la capacité dont pouvaient jouir en France des conjoints remariés, mais il n'avait pas entendu augmenter la capacité des époux là où la coutume était encore plus restrictive. En effet, nous lisons à la fin de l'édit :

« Toutefois, n'entendons pas ce présent nostre edict, bailler auxdites femmes plus de pouvoir et de liberté de donner et disposer de leurs biens, qu'il ne leur loist par les coutumes des pays, esquelles par ces présentes n'est dérogé entant qu'elles restraignent plus avant la libéralité desdites femmes. »

Quelques coutumes profitèrent de la latitude qui leur était accordée et se montrèrent encore plus rigoureuses que l'édit de 1560. C'est ainsi que la coutume d'Orléans, art. 203, et celle de Paris, art. 279, défendirent à la veuve remariée de disposer au préjudice des enfants du premier lit de sa part de conquêts provenant de la première communauté.

« Et quant aux conquêts faits avec ses précédents maris, femme convolant en secondes ou autres nopces n'en peut disposer aucunement au préjudice des portions dont les enfants desdits premiers mariages pourraient amender de leur mère » (2).

---

(2) Arrêt de règlement du 19 août 1715. — Nouv. Denizart, n° 26.
(1) Coutumes de Paris, art. 279.

Cependant ces conquêts n'appartenaient pas aux seuls
enfants du premier lit, ils devaient les partager, ainsi que
les autres biens meubles, acquêts et propres qui ne provenaient point des libéralités du conjoint décédé, avec les
enfants du mariage subséquent (1).

C'était encore par extension de l'ordonnance de 1560 que
l'art. 454 de la coutume de Bretagne privait de son douaire
la veuve qui se remariait avec son domestique. Cette disposition fut généralisée et rendue plus rigoureuse encore
par l'ordonnance de Blois, édictée en 1579, par Henri III.
En effet, l'art. 182 s'exprimait en ces termes :

« D'autant que plusieurs femmes veuves, même ayant
enfants d'autres mariages, se remarient follement à personnes indignes de leur qualité, et qui pis est, les aucunes
à leurs valets. Nous avons déclaré tous dons et avantages
que par lesdites veuves ayants enfants de leurs premiers
mariages, seront faits à telles personnes sous couleur de
donation, vendition, association à leur communauté ou
autre quelconque, nuls, de nul effet et valeur ; et icelles
femmes, lors de la convention de tels mariages, avons mis
et mettons en l'interdiction de leurs biens, leur défendant
les vendre ou autrement aliéner en quelque sorte que ce
soit, et à toutes personnes d'en acheter ou faire avec elles
autres contrats, par lesquels leurs biens puissent estre
diminuez, déclarons lesdits contrats nuls et de nul effet
et valeur. »

Assurément, toutes les mesures que nous venons d'étudier étaient sages et utiles, mais elles ne protégeaient pas
complètement les enfants du premier lit. Comme le dit
Laurière : (2) « la femme passant par second mariage, il
est périlleux pour les enfants issus de la première union

(1) Nouveau Denizart, n° 34.
(1) *Instit. coutum.* de Loysel, l. I, iv, 197.

de confier l'administration de leurs biens à un étranger. »
Cet inconvénient n'avait pas échappé à l'auteur du grand
Coutumier, car, dans ce cas, il ordonnait au nouveau mari
« de bailler caution de la somme desdits biens meubles
restituer, pour ce qu'il est du tout étrange (1). »

Lors de la réforme des coutumes, on trouva que cette
sûreté n'était pas suffisante, et dans beaucoup de provinces
le législateur, s'inspirant des lois romaines, enleva à la
femme remariée la garde de ses enfants mineurs (2). Quelques coutumes allèrent plus loin et enlevèrent aussi la
garde aux veufs binubes qui perdaient ainsi les revenus
perçus par eux à titre de gardiens (3).

Ce n'est pas là, du reste, la seule disposition du droit romain que nous retrouvions dans les pays coutumiers. On y
imposait souvent à la veuve un délai de viduité, et le parlement de Paris décidait que la femme qui contractait une
nouvelle union pendant l'année de deuil, perdait tous les
biens qu'elle avait recueillis dans la succession de son
époux (4). Toutefois cette déchéance n'était prononcée qu'à
raison de circonstances particulières (5), et, du reste, le roi
pouvait toujours en relever par des lettres patentes (6).

Pour ce qui est de l'infamie, elle n'était jamais prononcée
contre la veuve coupable ; il en était ainsi même dans les
pays de droit écrit, où cependant la décrétale d'Innocent III
n'était pas en vigueur.

Remarquons, en terminant, que dans notre ancien droit

(1) *Grand coutumier*, liv. II, chap x. 41.
(2) Coutum. de Touraine, art. 339 ; de Melun, art. 385.
(3) Coutum. de Paris, art. 268 ; de Calais, art. 130. Dans les
pays de droit écrit, la mère remariée était privée de la tutelle de ses
enfants mineurs.
(4) Expilly. Plaidoy. 38.
(5) Ferrière. Diction. V. *deuil*.
(6) Laurière sur Loisel, I, III, 175.

français la mort seule était une cause de dissolution du mariage, et que, par suite, alors seulement une nouvelle union était permise.

Les protestants étaient assujettis à cette règle, quoique leur religion autorisât le divorce, et que, dans les autres pays, ils ne se fissent pas faute d'en user.

En France, au contraire, même à l'époque où ils jouissaient de la plus grande liberté, on leur refusa ce droit, et les édits de pacification du 19 mars 1562, de mai 1576, d'avril 1598, qui leur accordaient le libre exercice du culte réformé, ne leur permirent jamais de pratiquer le divorce.

Pour les juifs la solution était différente : Henri II, qui les avait accueillis, les autorisa, par lettres patentes, à vivre selon leurs usages « et fit défense de les y troubler tant en jugement qu'en dehors. » En 1776, Louis XVI confirma ce privilége. Or, un de leurs usages était le divorce ; les tribunaux français le prononçaient donc quand ils le demandaient (1). Mais la question devenait plus délicate si l'un des époux juifs s'était converti au catholicisme ; pouvait-il encore divorcer? Dans certaines provinces, et notamment en Alsace, on lui reconnaissait ce droit. On soutenait que, d'après les lois de l'Eglise, un infidèle qui se fait chrétien est libre de dissoudre son mariage avec un conjoint infidèle qui refuse de cohabiter avec lui. Et on citait à l'appui de ce système l'opinion de quelque docteurs et les décrétales de plusieurs papes qui décidaient que le baptême faisait du néophyte un homme nouveau et rompait ses engagements avec les infidèles.

A cela on répondait que le baptême fait disparaître les crimes, mais non les mariages qui sont toujours indissolubles, alors même qu'ils ont été contractés par des infidèles. C'est sur cette considération qu'est basé un arrêt

(1) Sentence du Châtelet de Paris du 10 mai 1779.

célèbre du parlement de Paris du 2 janvier 1758. Un juif originaire de Haguenau, Borach Lévi, s'était converti au catholicisme. Il alla se fixer à Paris ; mais sa femme, Mendel Cerf, refusa de le suivre et lui envoya un libelle de divorce. Les deux époux comparurent devant l'official de Strasbourg et le mari obtint une sentence qui prononçait le divorce. Plur tard, lorsqu'il voulut se remarier, le curé refusa de publier les bans, sous le prétexte que le premier mariage n'était pas dissous ; cette décision fut confirmée par l'officialité de Soissons et par le parlement de Paris, devant lequel Lévi avait avait interjeté appel comme d'abus.

Malgré cet arrêt, on n'en continua pas moins à suivre dans certaines provinces une juridiction contraire. C'est ainsi qu'un arrêt du conseil souverain de Colmar jugea qu'une juive convertie avait pu valablement divorcer d'avec son mari et se remarier (1). Il fallut que des lettres patentes du 10 juillet 1780 vinssent abroger cet usage et déclarer en termes formels que les juifs et juives mariés légitimement ne pourraient, après leur conversion, se remarier avec des catholiques qu'en cas de veuvage.

A part les hypothèses exceptionnelles que nous venons d'examiner, toute personne qui contractait un nouveau mariage avant le décès de son conjoint était coupable de bigamie, et tombait sous l'application de peines fort rigoureuses. Les hommes étaient condamnés aux galères, les femmes au bannissement à temps ou à perpétuité. « Préalablement on attachait les uns et les autres au carcan un jour de marché, sçavoir, les hommes avec deux quenouilles et les femmes avec deux chapeaux, portant chacun des écritaux devant et derrière qui marquaient leur condamnation. On y joignait aussi quelquefois l'amende honorable (2). »

---

(1) Denizart. V. *Divorce.*

(2) Muyart de Vouglans. Les *Lois crim. de France*, liv. III, t. iv.

Lorsque le crime de bigamie se trouvait aggravé par le faux ou la supposition de personne, la condamnation à mort était prononcée. Par contre, si l'un des deux conjoints était de bonne foi, non-seulement il ne subissait aucune peine, mais on lui adjugeait ainsi jusqu'à ses enfants tous les effets civils du mariage.

# CHAPITRE IV

---

### Droit intermédiaire.

L'ordonnance de 1560 fut en vigueur jusqu'à la Révolution française. A ce moment, nous voyons apparaître toute une nouvelle législation sur les seconds mariages, si toutefois on peut appeler ainsi une série de dispositions qui ont surtout pour but d'abroger les lois antérieures, sans les remplacer le moins du monde, et qui, par suite, laissent une liberté à peu près absolue aux époux remariés.

Et tout d'abord, il n'est plus nécessaire que l'un des conjoints soit décédé pour que l'autre puisse contracter une nouvelle union. La loi du 28 septembre 1792 a substitué le divorce à la séparation de corps, et chaque époux peut se remarier avec un autre, un an après qu'il a divorcé.

Cet délai parut même trop long, et la Convention en arriva à autoriser le mariage aussitôt après le divorce (1). Cependant, afin d'éviter une incertitude de paternité, la

---

(1) Loi du 4 floréal an II.

femme divorcée, qui voulait contracter une nouvelle union, devait prouver par un acte de notoriété que depuis dix mois elle vivait séparée de fait de son mari, sinon il fallait encore attendre ces dix mois (art. 7).

Avec l'introduction du divorce disparut la protection des enfants du premier lit, et l'article 61 de la loi du 17 nivôse. supprima toutes les dispositions que les lois anciennes avaient édictées en leur faveur. Toutefois, par un reste de méfiance, on n'osa pas permettre à l'époux remarié, qui avait des enfants du précédent mariage, de disposer en faveur de l'autre époux de la totalité de sa fortune et l'article 13 décida que la quotité disponible entre conjoints serait alors de la moitié des biens en usufruit. Ainsi se trouvait abrogé implicitement le premier chef de l'édit des secondes noces aux termes duquel l'époux binube ne pouvait laisser à son nouveau conjoint qu'une part d'enfant le moins prenant.

Nous avons dit que le second chef, qui ordonnait au conjoint remarié de conserver aux enfants du premier mariage les gains nuptiaux provenant de cette union, avait eu le même sort.

Toutefois il y a eu quelque doute sur ce point, et la cour de cassation a déclaré, par un arrêt du 2 mai 1808, que cette partie de l'ordonnance n'avait pas été abrogée par la loi du 17 nivôse an II. Pour soutenir ce système, elle se fondait sur ce que cette loi n'était relative qu'à la simple transmission des biens, et n'avait pas en vue l'abolition soit expresse soit tacite des lois pénales rendues pour les cas éventuels des secondes noces.

La portée de la loi de nivôse nous paraît avoir été bien plus grande, et il est difficile de soutenir que l'article 61, qui abolissait toutes lois, coutumes, usages et statuts relatifs à la transmission des biens par succession ou donation, n'ait pas, par là même, supprimé le second chef de l'édit.

Dans tous les cas il en est certainement ainsi sous l'empire de notre droit actuel. Il ne faudrait pas croire pour cela que nos législateurs aient laissé sans défense les enfants issus d'une première union. S'inspirant de la législation des empereurs chrétiens, ils ont formulé une série de règles véritablement protectrices qui, sans apporter aucune entrave aux seconds mariages, préviennent les injustices auxquelles ils peuvent donner lieu lorsqu'ils ne sont pas sagement réglementés.

# DROIT CIVIL FRANÇAIS

---

« L'expérience de tous les temps, disait Joubert dans son rapport au tribunal, a prouvé combien la loi devait veiller à ce qu'un second époux ne pût préjudicier à des enfants dont l'origine ne laisse trop souvent que des souvenirs importuns. » Les rédacteurs de notre code ont voulu prévenir ces injustices; mais ils n'étaient pas le moins du monde hostiles aux nouvelles unions, et nous pouvons répéter, avec M. Bigot de Préameneu, que les mesures restrictives qu'ils ont prises « doivent être attribuées bien moins à la défaveur des seconds mariages qu'à l'obligation où sont les époux qui ont des enfants de ne pas manquer à leur égard, lorsqu'ils forment de nouveaux liens, aux devoirs de la paternité (1). »

Ces dispositions ne forment pas l'objet d'un titre spécial, et sont disséminées dans le code civil. Nous nous efforcerons de les réunir dans un ordre logique, et pour cela nous examinerons successivement les conditions exigées pour contracter un second mariage, et les mesures de protection prises par le législateur dans l'intérêt tant des personnes que des biens des enfants issus d'une précédente union.

(1) Exposé des motifs. Fenel., t. XII, p. 573.

# PREMIÈRE PARTIE

## Des conditions requises pour contracter un second mariage.

En outre des conditions générales auxquelles sont astreintes les personnes qui veulent se marier, conditions que nous passerons sous silence comme nous l'avons fait en droit romain, ceux qui contractent une nouvelle union sont tenus d'observer certaines règles que nous allons passer en revue.

## CHAPITRE PREMIER

### Des causes de dissolution du mariage.

En premier lieu, celui qui désire se remarier doit être libre de tout lien conjugal antérieur. « Nul, dit l'article 147, ne peut contracter un second mariage avant la dissolution du premier. » Cette dissolution résultait, sous l'empire du code civil, soit du divorce, soit de la mort naturelle ou civile de l'un des époux ; mais depuis la loi du 8 mai 1816 qui a aboli le divorce, et celle du 31 mai 1854 qui a supprimé la mort civile, seule la mort naturelle de l'un des conjoints produit cet effet.

Ici une question se présente : les époux divorcés antérieurement à la loi de 1816 peuvent-ils se remarier avant le décès de l'un d'eux ? Cette faculté doit certainement leur être accordée. Comme le remarquent MM. Aubry et Rau, en ne restreignant aux effets de la séparation de corps que les arrêts et jugements restés sans exécution par suite de la prononciation du divorce, l'article 2 de cette loi reconnaît implicitement que les divorces définitivement consommés doivent produire tous les effets qui s'y trouvaient attachés, et notamment celui de dissoudre le lien du mariage (1).

En décidant ainsi, on ne fait qu'appliquer ce principe de notre droit civil qui se trouve formulé dans l'article 2 du code : « La loi ne dispose que pour l'avenir ; elle n'a point d'effet rétroactif. » Seul un texte formel pourrait y déroger, or, il n'existe pas. Bien plus, vers la fin de 1816, le gouvernement avait présenté aux chambres un projet de loi, qui du reste fut bientôt retiré, sur les effets de l'abolition du divorce. L'article 2 de ce projet était ainsi conçu : « Les conjoints dont le divorce a été prononcé et qui ne sont pas actuellement engagés dans un autre mariage, pourront se réunir. Tout autre mariage leur est interdit jusqu'après le décès de l'un deux. » On reconnaissait par là même que la prohibition de se remarier ne résultait pas de la loi du 8 mai 1816.

Ainsi donc les époux légalement divorcés, avant 1816, sont libres de contracter une nouvelle union. Doivent ils toujours observer les prohibitions résultant des articles 295 et 298 ? Aux termes de ces articles : « les époux qui divorceront pour quelque cause que ce soit, ne pourront plus se réunir (art. 295). » Dans le cas de divorce admis en justice pour cause d'adultère, l'époux coupable ne pourra jamais se marier avec sa complice (art. 298).

(1) Vazeille, I, 103. — Aubry et Rau, V, § 461.

Certains auteurs (1) soutiennent que ces empêchements sont abrogés. « La raison en est, dit M. Valette, que l'on doit appliquer une loi nouvelle de la manière la plus large et répudier complètement l'application de la loi ancienne, toutes les fois que ce mode de procéder n'entraîne d'inconvénients pour personne (2). » Cette considération est juste, mais elle ne saurait prévaloir contre ce texte si formel de l'article 2 de la loi de 1816, d'après lequel les divorces prononcés antérieurement conservent tous leurs effets (3).

La controverse que nous venons d'examiner à propos des effets de la loi de 1816 se représente dans les mêmes termes au sujet de la loi du 31 mai 1854.

Les conjoints dont le mariage a été dissous par la mort civile sont-ils, depuis la loi de 1854, obligés d'attendre le décès de l'un des deux avant de contracter une nouvelle union ?

De prime abord, la question semble un peu plus douteuse en présence de l'article 5 de cette loi, qui décide « que les effets de la mort civile cessent pour l'avenir, à l'égard des condamnés actuellement morts civilement, sauf les droits acquis aux tiers. » Assurément il y a là une restriction au principe de la non rétroactivité que nous invoquions tout à l'heure; mais on ne saurait en conclure que le législateur ait rétabli le mariage dissous et prohibé une autre union. Les auteurs qui le prétendent ne songent pas que la loi prend bien soin de réserver « *les droits acquis aux tiers.* » Or, la mort civile confère à l'époux de celui qui est frappé par cette peine le droit de se remarier. Ce droit, la loi de 1854 n'a pas pu le lui enlever; libre à lui d'en user en s'u-

(1) Vazeille, I, 103. — Duranton, II, 180.
(2) Valette sur Proudhon, I, pag. 406, not. *a.*
(3) Sic. Aubry et Rau, V, § 463. — Demolombe, III, 185. — Paris, 14 juillet 1847. Sir. 47, 2, 400.

nissant soit avec son ancien époux, soit avec une autre personne.

Pour soutenir le contraire, il faudrait s'appuyer sur un texte précis ; car, ainsi que le disait la Cour de cassation dans un arrêt du 21 juin 1858 : « A supposer qu'il fût au pouvoir du législateur de faire revivre un contrat après l'avoir anéanti, c'est-à-dire de créer ce contrat sans un acte régulier du consentement des parties intéressées, une telle disposition ne saurait s'induire du silence de la loi et devrait au moins être exprimée par elle (1). » Elle ne l'a pas fait, et l'on ne peut voir là un oubli. Le projet de loi sur l'abolition de la mort civile, élaboré en 1851, contenait les dispositions suivantes :

Art. 4. — « Le mariage dissous par la mort civile peut toujours, à moins qu'il n'en existe un nouveau, être réhabilité du consentement des deux parties ; tout autre mariage leur est respectivement interdit jusqu'à la mort de l'un d'eux. »

Art. 5. — « La réhabilitation du mariage dissous s'opère par une déclaration que les deux parties font en commun devant l'officier de l'état-civil qui en dresse acte. Cet acte est inséré sur les registres à sa date ; il en est fait mention en marge de l'acte de la première célébration. »

Lors de la discussion de la loi de 1854, M. de Cuverville présenta un amendement qui reproduisait les mêmes idées ; sa proposition fut rejetée par le corps législatif. Qu'en conclure ? Sinon que la liberté de contracter une nouvelle union doit être accordée à ceux dont le mariage a été dissous par la mort civile, et cela bien que l'un et l'autre des époux soient vivants (2).

(1) Cassat. 21 janvier 1858. — Sir. 59, 1, 135.
(2) Bertauld. Leçons de législ. crimin., pag. 164.— Aubry et Rau, I, § 83 bis.

En le décidant ainsi, nous nous plaçons à un point de vue exclusivement juridique; car, à ne considérer que la morale, nous dirions hautement que seule la mort d'un des conjoints est une cause de dissolution du mariage. Du reste, à part les deux hypothèses exceptionnelles que nous venons d'examiner, nous prétendons que c'est là aussi la théorie du Code civil, et nous disons que, d'après notre droit actuel, nul ne peut se remarier si son conjoint n'est décédé.

Telle n'est pas l'opinion d'un grand nombre d'auteurs, d'après lesquels les Français seuls seraient astreints à cette prohibition. Quant aux étrangers, ils seraient régis par la loi de leur pays. Si donc, disent-ils, un officier de l'état-civil est requis de procéder à la célébration du mariage entre un étranger divorcé et une Française ou une étrangère, il ne pourra pas refuser son ministère, à supposer que le divorce ait été légalement prononcé et qu'il soit permis par les statuts personnels de l'étranger (1).

Assurément les étrangers sont gouvernés en France par leur statut personnel ; mais il ne faut pas oublier qu'ils ne peuvent l'invoquer que lorsqu'il n'est point contraire à l'ordre public. Reste à savoir si le divorce n'est pas une de ces institutions qui répugnent à la morale, et que l'on ne voit apparaître que chez les peuples corrompus.

On a soutenu le contraire ; pour nous, sans chercher à reproduire les nombreuses considérations que l'on a fait valoir de part et d'autre, nous croyons que l'ordre social est intéressé au maintien de l'indissolubilité du mariage, et nous espérons démontrer que telle était aussi la pensée du législateur de 1816.

Le divorce qui, à l'origine, était autorisé par notre Code

(1) Demolombe, I, 101. — Aubry et Rau, V, § 469. — Laurent, I, 92. — Nancy, 30 mai 1826. Sir. 1826, 2, 251. — Cass. 28 février 1860. Dall. 1860, I, 57. — Paris, 13 février 1872. Sir. 1873, 2, 112. — Cass. 15 juillet 1878. Sir. 1878, I, 320.

civil, n'a pas été aboli, ainsi qu'on l'a prétendu, par un sentiment de réaction religieuse, mais bien plutôt parce qu'on le considérait comme injuste et immoral. Le législateur était persuadé qu'il importait à l'intérêt de la société que cette institution disparût le plus vite possible ; et voilà pourquoi il ne voulut pas même que les instances en divorce qui étaient pendantes, au moment où la loi de 1816 fut édictée, suivissent leur cours. « Toutes demandes, dit-il, et instances en divorce pour cause déterminée, sont converties en demandes et instances en séparation de corps (art. 2). »

« Tous actes faits pour parvenir au divorce par consentement mutuel sont annulés ; les jugements et arrêts rendus en ce cas, mais non suivis de la prononciation du divorce, sont considérés comme non avenus (art. 3). » Il nous semble bien résulter de ces textes que le législateur a vu dans l'abolition du divorce et dans l'indissolubilité du mariage une question d'ordre public, et que, par suite, un étranger ne pourrait se prévaloir de ce que sa loi lui permet de divorcer, pour se remarier en France (1). »

Mais, nous objectera-t-on, vous reconnaissez que le Français divorcé avant la loi de 1816 aurait été admis, depuis cette loi, à se marier à nouveau, du vivant de son ancien époux. Pourquoi alors tenir moins compte du divorce prononcé conformément à une loi étrangère que du divorce obtenu sous l'empire d'une loi aujourd'hui abrogée. A cela nous répondons avec M. Demangeat (2) :

Le législateur de 1816 ne pouvait pas tenir pour non avenus les divorces prononcés antérieurement entre Fran-

---

(1) Demante, I, 45. — Paris, 30 août 1824. Sir. 1825, 2, 67. — Paris, 28 mai 1843. Sir. 1843, 2, 566. — Paris, 4 juillet 1859. Sir. 1859, 2, 153. — Douai, 8 janvier 1877. Sir. 1877, 1, 45.

(2) Revue pratique 1856, I, pag. 57, not. 1.

çais, tandis que la France est toujours libre de ne pas
admettre chez elle l'application d'une loi étrangère. De
plus, dans un cas, le scandale ne se produisait que dans un
temps limité à partir de 1816, tandis que dans l'autre il
pourrait se produire indéfiniment, tant qu'il restera dans
le monde une législation qui consacre le divorce.

Du reste, indépendamment des arguments que nous
venons de présenter, on ne saurait admettre que la capacité
personnelle d'un étranger puisse relever un Français d'un
empêchement prononcé par le code qui le régit. Et peut-
être est-ce pour ce motif que MM. Aubry et Rau, peu lo-
giques avec eux-mêmes, décident que l'officier de l'état
civil aura le droit de refuser son ministère à l'étranger
divorcé qui voudrait contracter une nouvelle union (1).

Ce n'est pas la seule inconséquence que nous ayons à
signaler chez nos adversaires. C'est ainsi qu'ils devraient
admettre, et de fait quelques-uns le soutiennent, que dans
tous les cas les Français naturalisés étrangers peuvent se
remarier en France pourvu que la loi de leur nouvelle
patrie admette le divorce et qu'ils aient légalement divorcés.
Et cependant beaucoup font une distinction. Si, disent-ils,
le divorce prononcé en pays étranger l'a été en fraude de la
loi française, à la demande d'un Français qui s'y serait fait
naturaliser dans ce but, un pareil divorce serait à considérer
comme non avenu, par conséquent un second mariage ne
pourrait être valablement contracté, et s'il existait en fait,
il serait nul aux yeux de la loi française (2).

Ainsi donc, seul le Français qui aura été de bonne foi
en se faisant naturaliser étranger pourra exciper du divorce

(1) Aubry et Rau. V. § 469.
(2) Aubry et Rau. V. § 469. — Poitiers, 7 janvier 1845. Sir 1845,
2, 215. — Cassat. 10 décembre 1845. Sir. 1846, 1, 100. — Cass.
19 juillet 1875. Sir. 1876, 1, 289. — Cass. 15 juillet 1878. Sir.
1878, 1, 320.

et des effets qui y sont attachés. Mais est-ce qu'il sera
toujours facile de prouver qu'il n'avait pas d'intention
frauduleuse ? Bien plus, la plupart du temps la fraude ne
devra-t-elle pas être présumée, et même ne sera-t-on pas
en droit de dire que toutes les fois qu'un Français se fait
naturaliser et divorce ensuite, il n'a changé de patrie que
pour acquérir ce privilége ? Les faits sont là pour démontrer
la vérité de cette assertion.

Les statistiques du canton de Genève, par exemple,
constatent que les Genevois n'usent pas ou presque pas du
divorce ; la plupart des cas de divorce concernent des
étrangers, surtout des Français qui se font naturaliser pour
obtenir la rupture de leur mariage (1). Leur mauvaise foi
est évidente ; mais alors il est bien plus simple de décider
qu'après avoir divorcé, ils ne pourront jamais contracter un
nouveau mariage en France, d'autant plus qu'en soutenant
le système contraire, on n'en a pas fini avec les difficultés,
les distinctions et les controverses.

Et, en effet, un Français naturalisé étranger n'a le droit
de divorcer avec sa femme que dans le cas où elle a aussi
changé de nationalité. Si elle est restée Française, le mariage est toujours pour elle indissoluble. Mais supposons
que son mari use du bénéfice que la loi de son nouveau
pays lui concède et obtienne le divorce ; il arriverait que le
mariage subsisterait par rapport à l'une des parties et
aurait pris fin par rapport à l'autre. Le mari par exemple
pourrait poursuivre sa femme si elle ne lui était pas fidèle
et la faire condamner pour adultère, tandis que lui n'étant
plus marié n'aurait pas à se soucier de ce devoir conjugal
et serait même libre de contracter une seconde union. Une
pareille conséquence est inadmissible et suffit pour faire
rejeter ce système.

(1) Glasson. Revue de législat. 1875, pag. 333.

La question ne se pose pas pour ceux suivant lesquels la naturalisation du mari s'impose à sa femme sans qu'elle l'ait sollicitée (1).

Pour soutenir leur opinion, ils disent que l'intérêt de la famille et la bonne harmonie du ménage exigent que les époux aient la même nationalité. Du reste, ajoutent-ils, telle était bien la pensée du législateur lui-même, puisque dans l'article 19 il déclare que la femme suit la condition de son mari.

C'est donner une trop grande portée à cet article. La loi ne dit point que le mari est le maître de la nationalité de sa femme étrangère ; elle décide seulement que la femme française qui épousera un étranger suivra la condition de ce mari. Et une telle disposition est logique car cette femme consent bien alors à perdre sa propre nationalité. A part cette hypothèse la naturalisation ne saurait se présumer, il faut en faire la demande, comme cela résulte de la loi du 7 février 1851, qui énumère les formalités que les enfants de l'étranger naturalisé Français ont à remplir pour devenir eux-mêmes Français, et reconnaît ainsi que ces enfants ne sont pas naturalisés de plein droit avec leur père. Mais alors si la naturalisation est un acte individuel, elle profite au mari seul qui l'a demandée et ne doit pas être imposée à la femme que l'on protège ainsi contre l'inconstance et les caprices (2).

Si la femme mariée ne change de nationalité que quand elle le veut bien, elle ne peut pas non plus se faire naturaliser en pays étranger sans l'autorisation de son mari. On a prétendu toutefois que, par la séparation de corps et de biens judiciairement prononcée, elle recouvrait la pléni-

(1) Fœlix. dr. intern. I, 35. Varambon. Revue pratiq. 1859. Proudhon. I, 452. — Paris, 24 avril 1844. Sir. 1844, 2, 568.
(1) Laurent. I, 349. — Demolombe. I, 175.

tude de son indépendance, quant à sa personne, qu'elle n'avait donc besoin d'aucune autorisation maritale pour acquérir, au moyen de la naturalisation, une nationalité étrangère et user de toutes les facultés accordées aux indigènes par les lois de sa nouvelle patrie (1). Ce système a été développé d'une manière fort ingénieuse par M. Daniel de Folleville (2) ; nous allons reproduire les principaux arguments sur lesquels il s'appuie.

Il n'y a aucun texte de la loi qui interdise à la femme séparée de corps le changement de nationalité sans l'autorisation de son mari et de justice. Et que l'on ne vienne pas tirer un argument *a contrario* de l'art. 1449, qui n'affranchit la femme séparée de corps et de biens ou de biens seulement, de l'autorisation maritale que pour les actes d'administration. Cet article n'a rien à faire ici puisqu'il s'occupe exclusivement des biens. La loi est donc vraiment muette sur le point qui nous occupe. Or, tout ce qui n'est pas défendu implicitement ou explicitement par les textes du Code français, doit être permis ; qu'on laisse par conséquent à la femme séparée de corps, à laquelle tout le monde accorde le droit de fixer son domicile en pays étranger, la faculté de s'y faire naturaliser.

On oublie un peu trop, dans le système soutenu par M. Daniel de Folleville, que, pour être séparée de corps, la femme n'en reste pas moins soumise à la puissance maritale. Or, quelle plus grande atteinte peut être portée à cette puissance que de permettre à toute épouse séparée de s'en affranchir complètement, en changeant de nationalité d'abord et en divorçant ensuite ; c'est pourquoi non-seulement nous leur refusons ce droit, mais nous préten-

---

(1) Blondeau. *Rev. de dr. fr. et étr.* 1844, 1, pag. 645. — Bluntschli. *Rev. prat. de dr. fr.* 1876, tom. 41.

(2) *De la natural. en pay. étr. des femm. sépar. de corps en France.*

dons qu'il faudrait une disposition formelle pour le leur
concéder. Et le motif en est bien simple, c'est que pour la
femme mariée, l'incapacité est la règle et la capacité
l'exception. Elle ne peut faire que ce que la loi lui permet,
et cela est tellement vrai, que le législateur a cru devoir
l'habiliter à faire son testament. « La femme, a-t-il dit,
peut tester sans l'autorisation de son mari. » Et cependant,
comme le faisait remarquer M. l'avocat général Ducreux
(affaire Beauffremont) : « S'il est un acte qui de sa nature
même ait dû être dispensé de la nécessité de la formule
textuelle d'une exception à la règle de l'incapacité, n'est-
ce pas celui dont les effets mêmes ne peuvent se produire
qu'après la mort ? »

Ce que nous disons de la femme mariée est vrai, alors
même qu'elle est séparée de corps ; la loi a pu lui rendre sa
capacité à l'égard des actes prévus par l'art. 1449, mais il
ne faut pas étendre cette faveur à des hypothèses que le
texte n'a pas formellement prévues ; nous devons alors
appliquer le principe que nous posions, il n'y a qu'un instant, et dire, qu'il s'agisse de naturalisation ou de tout
autre acte, que la femme séparée de corps ne peut se
passer de l'autorisation maritale (1).

La Cour de Paris s'est prononcée en faveur de cette
doctrine, lors de la célèbre affaire de Beauffremont. Par un
arrêt du 17 juillet 1876, elle a déclaré nul le mariage de
Madame de Beauffremont avec le prince Bibesco. Pour ce
qui est de la naturalisation que le tribunal de la Seine avait
aussi annulée, la cour, émendant le jugement, a seulement
décidé qu'elle ne pourrait pas être opposée au mari.

Cette distinction nous semble juste. En principe, les
tribunaux français n'ont qu'à considérer les fait saccomplis

(1) Aubry et Rau. V. § 472. — Laurent. III, 96. — Labbé, *Journ,
du dr. intern. priv.* 1875.

de la naturalisation à l'étranger, mais ils ne doivent point rechercher comment cette naturalisation a été acquise. Comme on l'a dit avec raison (1), ceci regarde uniquement le pays étranger qui l'a accordée. Il serait impossible de l'annuler sans porter atteinte aux prérogatives d'une souveraineté étrangère qui aurait le droit, sur la plainte des parties intéressées, de demander compte de cette violation des rapports internationaux.

# CHAPITRE II

## De la Bigamie.

D'après les principes que nous avons posés, tant qu'un mariage n'est pas dissous par la mort de l'un des conjoints, il constitue un empêchement dirimant qui s'oppose à l'existence légale de toute autre union ; mais il faut supposer que ce premier mariage est lui-même valable ; toutefois, alors même qu'il serait entaché de nullité, il donne encore naissance à un empêchement prohibitif (2). L'un quelconque des époux ne pourra donc pas se remarier avant d'en avoir obtenu l'annulation, et l'officier de l'état civil devra refuser son ministère tant que le jugement ne lui aura pas été présenté. S'il passait outre, le nouveau mariage serait valable dans le cas où le précédent aurait ensuite été annulé par les tribunaux.

(1) Note sur l'arrêt du 17 juillet 1876. Sir. 1876. 2, 248.
(2) Demolombe. III, 94. — Zachariæ. I, § 126. — Aubry et Rau. V. 403.

Selons nous, l'officier de l'état civil ne devrait pas non plus procéder, sans la présentation d'un jugement, à la célébration du mariage d'une personne dont la première union est inexistante, car il peut y avoir sur cette existence même des contestations que seul le juge est compétent pour apprécier. Pourtant, il faut avouer, qu'en droit, ce jugement n'est pas nécessaire. On ne peut plus dire comme dans l'espèce précédente, que le premier mariage produit ses effets jusqu'à ce que les tribunaux déclarent qu'il n'y a jamais eu de mariage, car ce qui caractérise les actes inexistants, c'est que, aux termes de l'art. 1131, ils ne peuvent avoir aucun effet (1).

La nullité résultant de la bigamie doit être rangée au nombre de ces nullités d'ordre public que Portalis (2) appelait continues et indéfinies; elle est donc perpétuelle « insanable », suivant l'expression de nos vieux jurisconsultes, et aucune fin de non-recevoir ne saurait la couvrir (3). Que l'on n'invoque pas la prescription trentenaire, elle n'a rien à faire en matière de mariage ; la prescription du crime de bigamie qui pourtant entraîne l'extinction de l'action civile en dommages intérêts auquel ce crime donnait lieu est elle-même inefficace.

En vain opposerait-on la possession d'état ; il résulte de l'art. 196 que seul l'un des époux peut l'opposer à l'autre, et que, dans tous les cas, la fin de non-recevoir tirée de cette possession s'applique aux vices extrinsèques de la célébration du mariage et non au mariage lui-même (4). Enfin, la demande en nullité serait encore recevable, alors que le premier mariage aurait été dissous postérieurement

(1) Laurent. I, 362.
(2) Locré. *Légist. civ.* IV, 373.
(3) Aubry et Rau. V, § 464. — Duranton. II, 329. — Vazeille. I, 220-222. — Demolombe. III, 313.
(4) Cass. 25 février 1818. Sir. 1819, 1, 41.

à la célébration du second ; cette dissolution a produit cependant quelques effets ; les enfants qui naîtront dans la suite seront simplement naturels et non plus adultérins (1) ; en outre, le ministère public ne pourra plus poursuivre.

La nullité pour cause de bigamie, ayant été introduite dans un but d'ordre public, peut en général être proposée par toute personne. Mais, suivant l'observation de M. Demolombe, l'intérêt est la mesure des actions, l'annulation du second mariage ne saurait donc être opposée que par des personnes y ayant intérêt. Nous allons passer en revue ceux auxquels ce droit est accordé par le législateur.

I. — *Les époux eux-mêmes et l'époux au préjudice duquel a été contracté le second mariage.*

On a soutenu que seul l'époux innocent pourrait se prévaloir de la nullité ; quant au bigame, il ne saurait l'invoquer, en vertu de ce principe « nemo auditur propriam turpitudinem suam allegans. » Cette distinction doit être rejetée en présence du texte si clair et si formel de l'art. 184, d'après lequel le mariage peut être attaqué par les époux eux-mêmes (2).

Il est intéressant de savoir si la femme est obligée d'obtenir l'autorisation de son mari lorsqu'elle veut intenter contre lui l'action en nullité. A première vue, il semble qu'elle n'en a pas besoin ; elle ne saurait ce semble être tenue de remplir cette formalité vis-à-vis d'un homme qui n'a jamais été son mari, d'autant plus que par cette demande, elle lui reconnaîtrait la qualité même qu'elle entend lui contester.

---

(1) Demolombe. III, 314.

(2) Toullier. I, 632. — Demolombe. III. 300. — Aubry et Rau. V. § 461. — Paris, 8 juin 1816. Sir. 1818, 2, 3. — C ss. 25 février 1818. Sir. 1819, 1, 41.

Assurément, cette qualité pourra être contestée, mais tant qu'un jugement n'est pas intervenu, elle existe. Pour être attaqué, le mariage entaché de bigamie n'en produit pas moins tous ses effets. Jusqu'au moment où l'annulation a été prononcée, la femme est vraiment mariée et par suite doit observer les prescriptions de l'art. 215 du Cod. civ., qui lui défend d'ester en justice sans l'autorisation de son mari (1). Remarquons que ses intérêts seront sauvegardés, car si celui-ci lui refuse cette autorisation, le juge sera toujours libre de la lui accorder (art. 218).

C'est avec raison que la loi permet à l'époux au préjudice duquel une seconde union a été contractée d'en demander l'annulation (art. 188). Si cet époux se trouve être la femme, certainement elle devra auparavant demander l'autorisation d'agir à son mari puisqu'elle le revendique en quelque sorte et se prévaut de son mariage pour attaquer le second.

II. — *Tous ceux qui y ont intérêt.*

L'art. 184 autorise tous ceux qui y ont un intérêt à intenter l'action en nullité. De quel intérêt le législateur a-t-il voulu parler ? En général, il faudra que l'intérêt soit pécuniaire, et de plus né et actuel. Nous allons rechercher quelles personnes peuvent se trouver dans ces conditions.

A. — *Les enfants issus d'un autre mariage.*

L'article 187 leur accorde, en termes exprès, le droit de proposer la nullité, pourvu, bien entendu, qu'ils invoquent cet intérêt dont nous parlions.

M. Demolombe hésite beaucoup à leur permettre l'exercice de l'action, du vivant de leur auteur (2). Ce serait aller, selon lui, contre l'article 371 qui proclame ce grand

---

(1) Merlin. *Répertoir.* V. *mar.*, sect. 6, § 2. — Cass. 21 janvier 1845. Sir. 1845, 1, 366. — Cass. 10 février 1851. Sir. 1851, 1, 202.
(2) Proudhon. I, pag. 440. Demolombe. III, 307. — Montpellier, 2 mars 1832. Sir. 1832, 2, 610.

principe social que l'enfant à tout âge doit honneur et respect à ses père et mère. Et, en effet, quoi de plus irrespectueux, de plus immoral même, que de voir un fils demander la nullité du mariage de son père, du vivant de celui-ci et contre lui-même ? Que l'on n'objecte pas que l'adversaire direct de l'enfant du premier lit serait l'enfant du second ; n'est-il pas évident que le père lui-même serait mis en cause et qu'en tout cas il interviendrait ?

Cela n'est pas tolérable ; il faut donc dire que, en vertu de l'article 371 et par application d'un principe formellement consacré par la loi de 1832 qui défendait aux fils de demander la contrainte par corps contre leur père, l'enfant du bigame n'aura le droit d'attaquer le mariage de son auteur qu'après la mort de celui-ci. Et ses intérêts seront sauvegardés, car, d'après l'article 2257, la prescription de son action ne courra contre lui que du jour de cette mort.

Ce système fait une distinction purement arbitraire et, par suite, ne saurait être admis. Peut-être le législateur aurait-il eu raison de restreindre dans une certaine mesure le droit des enfants ; il ne l'a pas fait, nous ne devons pas suppléer à son silence (1).

B. — *Les parents collatéraux.*

Il semble résulter de l'article 187 que les collatéraux, comme du reste les enfants du premier lit, n'auront le droit d'agir qu'après la mort des époux (2). En effet, cet article dit que « l'action en nullité ne pourra être intentée du vivant des deux époux. » Mais on admet généralement que cette mention est énonciative, et la loi n'a statué que *de eo quod plerumque fit.* Si donc, avant le décès des bigames, les collatéraux, comme les enfants, ont un intérêt pécuniaire né et actuel à proposer la nullité, rien ne les empêchera d'intenter aussitôt l'action.

(1) Marcadé sur l'art. 187. — Aubry et Rau, V, § 461.

Les hypothèses où il en sera ainsi ne sont pas nombreuses, mais elles existent. Nous pouvons citer par exemple le cas où l'un des bigames qui a des enfants de son mariage actuel, renonce à une succession. L'hérédité sera dévolue à ces enfants; les collatéraux qui viendraient à leur défaut ont, dès lors, intérêt à faire annuler le mariage, car, s'ils y parviennent, les enfants n'auront plus aucun droit de succession, et par conséquent seront écartés.

C. — *Les créanciers.*

Le rapprochement des articles 184 et 187 a amené quelques auteurs à croire que seul un intérêt de succession permettait de proposer la nullité. Suivant eux, on a refusé ce droit aux créanciers qui pour la dette d'argent la plus minime, auraient pu sans cela porter le trouble dans les familles et préjudicier à des droits acquis (1).

Les partisans de cette opinion oublient que l'article 184 est conçu en termes généraux, et qu'il accorde l'action à tous ceux qui y ont un intérêt. Les créanciers de l'un et de l'autre époux sont certainement dans ce cas; alors, pourquoi les écarter ? Mais, objecte-t-on, l'article 187, qui explique l'article 184, ne les mentionne pas. Nous avons déjà répondu à cet argument en disant que l'article 187 n'était pas restrictif. Du reste, il est à remarquer que les collatéraux n'agissent pas précisément en vertu de leur titre de parents, mais bien parce qu'ils ont un intérêt né et actuel. Nous ne comprenons pas pour quels motifs on refuserait ce même droit aux créanciers, alors qu'ils se trouveraient dans les mêmes conditions (2).

III. — *Le ministère public.*

Le ministère public, qui représente la société, ne saurait

---

(1) Cass. 12 nov. 1839. Sir. 1839, 1, 826.

(2) Aubry et Rau. V, § 461. — Demolombe. III, 305. — Marcadé sur l'art. 187. — Metz, 7 fév. 1854. Sir. 1854, 2, 659.

rester indifférent devant un fait portant une grave atteinte à la morale. C'est donc avec raison que le législateur lui reconnaît le droit d'attaquer un mariage entaché de bigamie. Mais, du jour où cette union a été dissoute par la mort de l'un des époux, le scandale cesse et la société n'a plus à s'en préoccuper. Voilà pourquoi son représentant n'a la faculté d'agir que du vivant du bigame ; mais, alors, pourra-t-il dans certains cas se dispenser de le faire ?

M. Laurent le soutient. Le ministère public, dit-il, doit avoir une certaine latitude, car il n'agit pas au criminel, mais au civil. Son action a pour but de rompre une union scandaleuse ; or, il arrivera quelquefois qu'il n'y a aucun scandale. Sans doute le crime existe toujours, mais, d'autre part, il faut songer à l'intérêt des enfants et du second conjoint qu'une demande en nullité atteindrait dans leur honneur et dans leurs affections les plus intimes (1).

Cette opinion a pour elle Portalis. D'après lui « le ministère public ne doit se montrer que quand le vice du mariage est notoire, quand il est subsistant, ou quand une longue possession n'a pas mis les époux à l'abri de la recherche directe du magistrat. »

Malgré l'autorité si grande de Portalis, nous ne nous rangeons pas à ce système. Que la bigamie soit connue ou non, la nullité qui en résulte est une nullité absolue, d'ordre public, que le représentant de la société est toujours obligé d'invoquer. Et, du reste, la loi l'exige elle-même en termes formels. Le ministère public, dit l'article 190, peut et *doit* demander la nullité du mariage.

Les personnes que nous avons énumérées sont-elles les seules qui puissent intenter l'action en nullité, et ne faut-il pas aussi reconnaître ce droit aux pères, mères et autres ascendants des époux ? Duranton le leur refuse. D'après lui,

(1) Laurent. II.

l'action accordée par l'art. 184 doit toujours être fondée sur un intérêt né et actuel ; or, les ascendants n'ont cet intérêt que dans deux hypothèses : du vivant de leur enfant lorsque le consentement se trouvait nécessaire et n'a pas été requis, après sa mort lorsqu'ils lui succèdent ; dans ces deux cas seulement, ils peuvent attaquer le mariage (1).

Ce système n'a pas été suivi, et l'on admet généralement qu'indépendamment de tout intérêt pécuniaire, les ascendants ont le droit d'attaquer un mariage entaché de bigamie. Cette opinion repose sur la loi elle-même. L'art. 184 a en vue trois causes de nullités : l'impuberté, la bigamie et l'alliance à un degré prohibé. L'art. 186, qui ne s'applique qu'à l'impuberté, déclare que les ascendants ne seront pas recevables à demander la nullité du mariage contracté par leur enfant impubère s'ils y ont consenti ; c'est donc que dans tous les autres cas leur demande sera recevable.

D'un autre côté, il n'est pas nécessaire qu'ils aient un intérêt pécuniaire. L'art. 187 ne l'exige que des collatéraux et des enfants nés d'un autre mariage ; nous en concluons que pour les ascendants il suffit d'un intérêt purement moral. Cette distinction n'est pas contraire à l'esprit de la loi ; bien plus, le législateur l'a faite lui-même pour le cas où un mariage est attaqué pour clandestinité ou parce qu'il n'a pas été célébré devant l'officier public compétent (2).

Mais pourront-ils user concurremment de leur droit ? S'il en est de l'action en nullité comme de l'opposition, elle ne devra être exercée que graduellement, d'après l'ordre déterminé par l'art. 173 ; et, de fait, certains auteurs ont soutenu que cet article devait être appliqué. Ils appellent donc en premier lieu le père, à défaut du père, la mère, et

(1) Duranton. II, 328.
(2) Aubry et Rau. V, § 461. — Laurent. II, 489. — Demolombe. III, 301. — Cass. 15 mars 1848. Sir. 1848. 1. 673.

à leur défaut les aïeuls et aïeules (1). Le motif que ces auteurs en donnent est bien peu juridique. Ils ne veulent pas, en permettant, par exemple, à un aïeul de proposer la nullité lorsque le père ou la mère n'ont pas cru devoir agir, renverser cette hiérarchie et cette discipline que la loi elle-même a institué dans la famille.

Cette hiérarchie existe en effet à certains points de vue, mais toutes les fois que la loi subordonne le droit d'une personne à celui d'une autre, elle le dit en termes formels (articles 148, 151, 173).

Elle ne l'a pas fait pour notre hypothèse, pourquoi suppléer à son silence ? D'un autre côté, il est impossible d'assimiler l'action en nullité au droit d'opposition. « Quand les ascendants forment opposition au mariage, dit M. Laurent, ils exercent une sorte de magistrature domestique et l'on conçoit que les plus proches soient appelés à l'exercer avant les plus éloignés. » Mais il n'en est plus de même lorsqu'il s'agit d'attaquer un mariage pour cause de bigamie. Ils sont tous intéressés pareillement à mettre fin au scandale qui rejaillit sur eux, et l'on ne saurait admettre que l'inaction ou la complicité du chef de famille puissent paralyser entre les mains des autres ascendants un droit qui repose sur un principe de morale et d'ordre public (2).

Marcadé, qui cependant soutient ce dernier système, l'abandonne, nous ne savons trop pourquoi, dans une de ses conséquences. Il refuse à la mère la faculté d'agir lorsque le père ne propose pas la nullité. Sans doute la mère sera bien obligée de demander l'autorisation à son mari, puisqu'il lui faut ester en justice, mais nous croyons que s'il ne voulait pas la lui accorder, l'autorisation de justice serait suffisante.

---

(1) Toullier. I, 633. — Duranton. II, 312. — Demolombe. III, 303.
(2) Aubry et Rau. V. § 461. — Laurent. II, 490. — Marcadé. I, sur l'art. 186.

On se demande si, à défaut des ascendants, le conseil de famille aura le droit d'attaquer le mariage. Il est impossible de refuser ce pouvoir au conseil de famille, car il a le dépôt de la puissance paternelle tant que l'époux est mineur. D'un autre côté, il résulte de l'art. 186 que la famille, c'est-à-dire le conseil de famille, peut, lorsqu'il n'a pas consenti au mariage, en demander l'annulation pour défaut de puberté de l'un ou de l'autre des conjoints. S'il lui est permis de proposer la nullité pour cause d'impuberté, à plus forte raison doit-il en être de même lorsqu'il s'agit d'une nullité bien plus grave, de la bigamie (1).

On a prétendu que le mot « famille » de l'art. 186 désignait les parents en général et non le conseil de famille. Mais alors, dans notre hypothèse, si le conseil de famille voulait intenter l'action, il lui faudrait prouver qu'il y a un intérêt pécuniaire né et actuel. Or, on ne comprend pas qu'il puisse jamais invoquer un pareil intérêt, de telle sorte que, en dernière analyse, jamais sa demande ne sera recevable (2).

Sans doute il en serait ainsi si le conseil de famille était soumis aux prescriptions de l'art. 187, mais il est certain que le législateur voulait le désigner dans l'art. 186 lorsqu'il parlait de famille, puisque à défaut du père, de la mère et des ascendants, lui seul est appelé à donner son consentement au mariage, et alors l'argumentation que nous avons présentée plus haut subsiste toute entière.

Par exception à ce principe que la nullité résultant de la bigamie étant une nullité d'ordre public peut être invoquée par toutes les personnes qui y ont intérêt, les rédacteurs du Code ont édicté des règles spéciales pour le cas où le second mariage a été contracté par l'époux d'un absent.

(1) Demolombe. III, 304.
(2) Laurent. II, 491.

## SECTION I

DES EFFETS DE L'ABSENCE EN CE QUI CONCERNE LE MARIAGE.

L'absence la plus longue, se fût-elle prolongée au-delà de cent ans, n'a pas pour effet de dissoudre le mariage et par suite de permettre à l'époux présent de contracter une nouvelle union. Ce grand principe que notre Code a consacré n'existait pas en droit romain. Le premier, Justinien le proclama, ainsi que nous l'avons vu, en défendant aux femmes des militaires de se remarier avant d'apporter la preuve du décès de leurs maris. Les canonistes étendirent cette disposition aux mariages de tous les absents et déclarèrent que ceux qui ne l'observeraient pas se rendraient coupables d'adultère. C'est ce que saint Basile dit d'une façon formelle dans son épitre à Amphilocque : « Quæ quum vir secessit et non apparet, antequam de ejus morte certior facta sit, cum aliquo cohabitavit, mæchatur (1). »

Dans le cas où, malgré la défense qui lui en était faite, l'époux présent contractait un second mariage, cette union ne pouvait être attaquée que du jour où il n'y avait plus d'incertitude sur l'existence de l'absent, mais jusqu'à ce moment elle était valable ; toutefois les époux étaient autorisés à se séparer pour ne plus vivre dans le péché.

Toutes ces règles du droit canon se retrouvent dans notre ancienne législation française, mais elles ne furent pas reproduites par les lois révolutionnaires. Bien plus, un décret du 29 décembre 1792 considéra comme cause de

(1) Pothier. Contrat de mariage nº 106.

divorce l'absence de l'un des époux lorsque depuis au moins cinq ans on n'avait plus de ses nouvelles.

Les rédacteurs du Code, tout en maintenant le divorce, ne voulurent pas l'autoriser dans cette hypothèse, et Bigot-Préameneu nous en a donné les motifs. « Le plus important de tous les contrats ne saurait dépendre d'une simple présomption, soit pour déclarer anéanti celui qui aurait été formé, soit pour en former un nouveau qui ne serait au retour de l'époux absent qu'un objet de scandale ou de trouble (1). »

Ainsi donc, d'après notre droit actuel, l'époux d'un absent ne peut se remarier que lorsqu'il prouve la mort de son conjoint, et pour cela il lui faudra présenter un acte de décès, que rien ne saurait suppléer.

Une exception a été faite à cette règle par la loi du 4 avril 1817. Nous allons voir combien elle était nécessaire. En général, il est facile de constater le décès d'une personne ; par contre, cela peut devenir impossible lorsqu'il s'agit d'un militaire disparu à la suite d'une bataille. Peut-être se trouve-t-il parmi les morts que l'on n'a pas reconnus, peut-être est-il prisonnier, dans tous les cas on ne saurait sans imprudence dresser son acte de décès. Mais alors, à supposer qu'il soit marié, il ne sera jamais permis à sa femme de contracter un nouveau mariage.

Beaucoup de femmes se trouvaient dans cette situation à la suite des guerres si longues et si sanglantes de la première République ; elles demandaient que leurs mariages fussent déclarés dissous au bout d'un certain temps. Un avis du Conseil d'Etat du 17 germinal an XIII leur refusa cette faveur. « On ne peut, disait-il, déclarer le mariage de l'absent dissous au bout d'un certain nombre d'années. A la vérité, plusieurs femmes de militaires se

(1) Locré. *Esprit du Code*, II, pag. 508.

trouvent dans une position fâcheuse, mais cette considération n'a point paru, lors de la discussion du Code civil,
assez puissante pour les relever de l'obligation de rapporter
une preuve légale sans laquelle on exposerait la société à
de déplorables erreurs et à des inconvénients beaucoup plus
graves que les maux auxquels on voudrait obvier. »

C'était se montrer bien rigoureux, et nous croyons qu'on
aurait pu admettre d'autres preuves de décès que l'acte de
l'état civil. Sans doute on ne devait pas se contenter de
simples probabilités (même très suffisantes pour tout autre
matière), il fallait exiger la certitude de la mort, mais cette
certitude peut dans certains cas s'acquérir en dehors de
l'acte civil ; il aurait été sage de prévoir ces hypothèses.
Plus tard, le législateur s'est décidé à le faire ; malheureusement, ainsi que nous le verrons bientôt, les mesures
spéciales qu'il a prises sont incomplètes et insuffisantes.

Quoiqu'il en soit, d'après l'avis du 17 germinal an XIII, il
fallait appliquer les dispositions du Code sur l'absence. Il
s'en suivait que l'on ne devait pas admettre comme preuves du décès les présomptions les plus graves et les plus
sérieuses. C'est ce que firent les tribunaux. Et nous voyons
la cour de Colmar déclarer que la mort d'un militaire absent
n'est pas suffisamment prouvée par des actes de notoriété
constatant qu'il a eu une jambe emportée dans une bataille
et qu'il a été reçu dans les ambulances, bien qu'à la suite
de cet accident il se soit écoulé un long espace de temps
sans nouvelles (1). Et cependant, dans cette espèce, tout
portait bien à croire que cet homme n'était plus vivant.

Le législateur comprit enfin que pour les disparus de la
guerre il y avait une sorte de présomption qu'ils étaient
morts. Il reconnut que dans certaines circonstances cette
présomption se changeait en certitude. Aussi, par la loi du

(1) Colmar, 12 août 1814, Sir. 1815, 2, 242.

18 février 1817, il permit aux tribunaux d'apprécier ces diverses circonstances et de constater le décès quand la preuve de la mort paraissait résulter de l'instruction qu'ils avaient faite.

L'art. 1ᵉʳ de cette loi était ainsi conçu :

Lorsqu'un militaire ou un marin en activité de service pendant les guerres qui ont eu lieu depuis le 21 avril 1792 jusqu'au traité de paix du 20 novembre 1815 a cessé de paraître avant cette dernière époque soit à son corps soit au lieu de sa résidence, sa femme ou ses héritiers présomptifs auront le droit de se pourvoir au tribunal de son dernier domicile pour faire constater le décès. »

Le tribunal procédait alors à une enquête ; il faisait venir des témoins, des renseignements lui étaient fournis par les ministères de la guerre et de la marine. Si les présomptions de mort lui paraissaient insuffisantes, il rejetait la demande en constatation, sinon il prononçait un jugement qui tenait lieu d'acte de décès.

Ce jugement reconnaissait légalement la qualité de veuve à la femme de l'absent, et lui permettait par conséquent de contracter un nouveau mariage.

Une loi du 12 août 1871 a remis en vigueur cette loi du 18 février 1817, pour constater judiciairement le sort des Français ayant appartenu aux armées de terre et de mer, à la garde nationale mobile ou mobilisée, à un corps reconnu par le ministre de la guerre, qui ont disparu depuis le 19 juillet 1870 jusqu'au traité de paix du 31 mai 1871. Ces dispositions ont été étendues à tous Français non belligérants disparus par suite des faits de guerre.

A part ces hypothèses exceptionnelles que la loi a prévues en termes exprès, nous croyons que la preuve testimoniale, à plus forte raison des présomptions plus ou moins sérieuses, fussent-elles admises par les tribunaux comme établissant le décès, ne sauraient suffire à l'officier de l'état-civil.

Si donc un jugement lui était présenté, constatant sur ces seules preuves le décès d'un homme marié dont l'acte de décès n'existe pas, il n'aurait pas le droit de passer outre à la célébration du mariage.

Assurément il y a là une véritable lacune, mais l'insuffisance de notre législation sur l'absence apparaît surtout lorsqu'il s'agit de constater la mort de marins ou passagers naviguant sur un navire dont on n'a plus de nouvelles. Pourquoi le législateur ne leur a-t-il pas appliqué les dispositions spéciales qu'il édictait pour les militaires disparus ? Est-ce que pour eux la présomption de décès n'est pas encore bien plus grande ?

Nous nous expliquons d'autant moins le silence de la loi à ce sujet, qu'elle s'est préoccupée des navires disparus. Aux termes de l'article 375 du Code de commerce modifié par une loi du 3 mai 1861, lorsque, après six mois pour les voyages ordinaires et un an pour les voyages au long cours, l'assuré déclare n'avoir reçu aucunes nouvelles de son navire, il peut faire le délaissement à l'assureur et demander le paiement de l'assurance, sans qu'il soit besoin d'attestation de la perte. Cette disposition repose sur la présomption légale que le navire est perdu ; mais alors que sont devenus les hommes qui se trouvaient à bord ? Il est à craindre qu'ils soient morts, et si le silence sur eux se prolonge, n'en acquiert-on pas la certitude ? Malgré tout, leurs femmes, dans le cas où ils seraient mariés, ne pourront pas contracter un second mariage, puisqu'elles ne présenteront pas un acte de décès.

En vain voudrait-on appliquer, par analogie, l'article 46 et leur permettre d'invoquer la preuve testimoniale ; on irait certainement contre les principes de notre législation. Et puis, si on laisse aux tribunaux un pouvoir discrétionnaire, jusqu'où ira-t-il ? Admettra-t-on comme preuves du décès les présomptions résultant du défaut de nouvelles, corroborées par les décisions du conseil de la marine et des armateurs? ou bien faudra-t-il que des témoins viennent affirmer la perte du navire, soit que, faisant partie de l'équipage du navire perdu, ils aient pu se sauver, soit qu'ils fussent montés sur les navires abordeurs (1)? On ne saurait formuler aucune règle sur ce point ; aussi quelles décisions arbitraires nous trouvons dans la jurisprudence!

Ici, s'appuyant avec raison sur les règles de notre droit civil, on déclarera que des opinions, des conjectures, des convictions personnelles fondées sur l'absence de toutes nouvelles et les nombreux sinistres qui ont existé à l'époque où se placerait le naufrage, ne suffisent point à prouver la réalité du décès (2). Et il en sera ainsi, même si l'on avait la certitude du naufrage.

Par contre, ailleurs on se montrera bien moins rigoureux, et M. de Courcy cite à ce sujet des jugements qu'il qualifie à bon droit de monuments de haute fantaisie.

En 1864, six ans après la disparition d'un navire, la femme du capitaine qui le commandait demande au tribunal de Nantes de constater le décès de son mari. Le tribunal ordonne une enquête dans laquelle on voit figurer deux témoins : 1° la douane qui a opéré la radiation du navire sur ses registres ; 2° les assureurs qui ont payé la perte aux assurés. Et cela lui suffit pour accorder à la veuve un jugement qui tiendra lieu d'acte de décès.

Le tribunal avait sauvegardé les apparences en procédant à une enquête ; pour quelques-uns ce n'est même pas nécessaire, témoin ce jugement du tribunal du Hâvre, du 9 mai 1874, qui, moins de cinq mois après la disparition d'un navire sans nouvelles, constata le décès de tous les hom-

(1) Note sur un arrêt de Bordeaux, 6 mars 1874. Sir. 1876, 2, 9.
(2) Jugement du Trib. civ. de la Seine, 26 février 1847. (Cité par M. de Courcy. Correspondant, 18 juin 1878.

mes qui étaient à bord. Et pourtant, comme on va le voir, les présomptions étaient bien peu sérieuses, et des juges prudents se seraient gardés d'agir aussi à la légère.

« Attendu, dit le jugement, que le steamer **M.** a quitté Hambourg pour le Havre le 15 décembre 1873, ayant à bord vingt-trois hommes d'équipage et en qualité de passagers onze marins naufragés ;

« Que depuis ce jour il n'a plus donné de ses nouvelles, et qu'en raison de la route à faire et du peu de longueur de la traversée ce navire doit être considéré comme ayant péri corps et biens ;

« Qu'il paraît constant que tous les marins se trouvant à bord ont péri dans cette circonstance.

« Par ces motifs, le tribunal déclare que dans la dernière quinzaine de décembre 1873 sont décédés en mer..... (suivent trente-quatre noms).

« Ordonne que le présent jugement sera transcrit sur les registres de l'état-civil du Hâvre. »

Il est vraiment incroyable que l'on ait osé constater la mort de trente-quatre personnes, en se basant sur des preuves aussi insignifiantes. Voilà où conduit le pouvoir discrétionnaire qu'on voudrait accorder aux tribunaux.

Et de tels jugements n'ont pas été réformés ! Bien plus, la Cour de Bordeaux elle-même est tombée dans ces errements. La femme d'un capitaine de marine marchande disparu désirait se remarier. Elle demanda tout d'abord au tribunal de Bordeaux de constater la mort de son mari Le tribunal exigea une preuve matérielle, mais la Cour, moins sévère, déclara que le capitaine ne pouvait plus être vivant, parce que le trois-mâts sur lequel il était embarqué était déjà vieux et que depuis six ans on n'avait plus de ses nouvelles ! « Du reste, disait l'arrêt, les compagnies d'assurances ont réglé le sinistre, et, d'un autre côté, il est inadmissible que cet homme, dont la correspondance atteste le plus vif attachement pour sa femme, fût resté plus de six années sans transmettre au moins de ses nouvelles. » Ces considérations me semblent fort peu sérieuses, et peut-être le rédacteur de l'arrêt se trouvait-il de cet avis lorsqu'il ajoutait : « Si les circonstances de la nature de celles qui viennent d'être déduites ne suffisaient pas pour faire constater l'évènement d'un décès par suite d'un naufrage, il deviendrait à peu près impossible aux parties intéressées de jamais faire régulariser leur situation (1). »

Nous sommes complètement d'accord ; seulement, nous ne croyons pas que la loi permette de s'appuyer sur des présomptions pour prouver la réalité de la mort d'un absent, et la Cour de Bordeaux l'a reconnu elle-même, puisqu'elle n'a pas persisté dans sa jurisprudence. D'autres femmes, qui étaient dans la situation de la femme du capitaine au long cours, voulurent aussi faire constater judiciairement le décès de leurs maris. Déboutées de leur demande par le tribunal, elles s'adressèrent avec confiance à la Cour de Bordeaux qui rejeta aussi leurs requêtes (2).

Cette sévère doctrine, inaugurée par un arrêt du 2 juin 1875, a été confirmée par des arrêts des 7 février et 25 juillet 1876 (3). Et cependant les espèces étaient plus favorables, et la disparition des navires perdus corps et biens remontait à une quinzaine d'années. Serait-ce, comme on l'a dit spirituellement, que les navires étaient plus jeunes, ou que les capitaines, dans leurs correspondances familières, auraient témoigné moins de tendresse ?

Que conclure des variations si curieuses que nous venons de signaler dans la jurisprudence, sinon que notre législation actuelle, sur l'Absence, a grand besoin d'être modifiée ?

(1) Bordeaux, 6 mars 1874. Sir. 1876, 2, 9.
(2) Bordeaux, 2 juin 1875. Sir. 1876, 2, 10.
(3) Sir. 1876, 2, 52. — Sir. 1875, 2, 184.

Du reste, les rédacteurs du Code ont compris qu'ils avaient édicté des dispositions par trop rigoureuses, aussi, tout en défendant à l'époux présent de se remarier avant le décès de son conjoint, ils n'ont autorisé que l'absent à attaquer ce mariage, lorsque par un concours de fraudes ou à la suite d'erreurs involontaires il aurait été contracté au mépris de la loi.

Cette dérogation au principe que la nullité pour cause de bigamie peut être proposée par toutes les personnes qui y ont intérêt, est établie par l'art. 139. « L'époux absent dont le conjoint a constaté une nouvelle union, sera seul recevable à attaquer ce mariage par lui-même, ou par son fondé de pouvoir, muni de la preuve de son existence. »

A partir de quel moment cette disposition sera-t-elle applicable ? Assurément, il faudra toujours s'en tenir au droit commun alors même que l'un des époux ne serait pas présent, pourvu que son existence fût certaine.

Mais du jour où il y a doute sur ce point par suite du défaut de nouvelles, du moment qu'il existe une présomption d'absence, l'art. 139 est seul en vigueur (1). Et en effet l'incertitude qui règne sur l'existence de l'absent sert de base à la restriction que le législateur a édictée, or, cette incertitude n'existe-t-elle pas dès la première période, quand l'absence est présumée ?

Telle n'est pas l'opinion de Proudhon. Il remarque que la section III du Code qui traite des effets de l'absence relativement au mariage est une des subdivisions du chapitre III, intitulée : *des effets de l'absence.* Or, il résulte du premier article de ce chapitre que dans tous les articles suivants, la loi suppose que la déclaration d'absence a été prononcée, il conclut qu'il doit en être de même lorsqu'il s'agit de l'art. 139 (2).

---

(1) Aubry et Rau. I, § 461. — Laurent. II, 247.

(2) Proudhon. Traité sur l'état des pers.. I, pag. 300. — Douai, 16 mai 1837. Sir. 1837, 2, 488.

La Cour de cassation n'a pas admis cette doctrine (1), parce que le mot « absent, » dans le Code, a un sens général et se dit aussi bien lorsque l'absence est présumée que quand elle a été déclarée. Il faudrait donc qu'il y eût des motifs particuliers pour le restreindre à l'absence déclarée, dans l'art. 139. Mais supposons qu'il en soit ainsi, comment arriverait-on à faire annuler le mariage contracté par l'époux du présumé absent ?

Cette nouvelle union ne saurait être attaquée qu'autant que la première subsistait encore au moment où elle a été célébrée. Le demandeur en nullité devra donc prouver la co-existence des deux mariages qui est l'unique fondement de la nullité du second. Or, il est dans l'imposibilité de le faire, puisque la présomption d'absence dure toujours et que la plus grande incertitude existe sur la vie ou la mort du conjoint disparu.

On a essayé de tourner cette difficulté en disant que le demandeur en nullité aurait apporté une preuve suffisante en représentant l'acte de célébration du nouveau mariage, et alors ce serait aux époux qui invoqueraient la dissolution du précédent mariage, à prouver leur allégation en vertu de la règle « reus excipiendo fit actor. »

Cette règle ne saurait être appliquée dans notre hypothèse, car le demandeur n'a rapporté qu'une partie de la preuve qui lui incombait. Il a présenté l'acte de célébration, mais cet acte ne prouve rien, sinon que l'un des époux avant de contrater le mariage que l'on attaque, s'était marié précédemment. S'en suit-il pour cela que ce mariage doive être déclaré nul ? Assurément non. Il faudrait démontrer en outre qu'il a été célébré au moment où la première union existait encore, ce qui n'a pas été fait.

Conformément à la théorie que nous venons de reproduire,

(1) Cass. 18 avril 1838. Sir. 1838, 1, 296.

il a été jugé que le second mari d'une femme qui s'est remariée, nonobstant une première union avec un individu
absent, n'est plus recevable à demander lui-même la nullité du mariage, s'il ne prouve pas l'existence du premier
mari (1). On est même allé plus loin, et on a décidé que le
fait du second mariage de l'époux d'un absent opérait à
l'égard de cet époux une présomption légale du décès de
l'absent (2).

Il peut arriver que les nouveaux époux aient des doutes
sur la légitimité de leur union ; s'ils sont d'accord, rien ne
les empêchera de s'abstenir de la vie commune. Mais si
l'un d'eux demandait à vivre séparément, le tribunal de-
vrait-il l'y autoriser ? Demante soutient que, dans ce cas, la
justice est obligée d'accorder la séparation d'habitation
« car un refus équivaudrait à une défense au nom de la loi,
d'accomplir un devoir de conscience, et le pouvoir du législateur humain ne va pas jusque-là (3). Il en était du
reste ainsi dans l'ancien droit, et d'Aguesseau, tout en exigeant, pour que la nullité fût prononcée, une preuve positive
de la vie du premier époux au temps de la célébration du
nouveau mariage, voulait que, dans l'incertitude, on obli-
geât les nouveaux époux à vivre séparément (4).

Il serait à souhaiter que cette règle fût encore observée
de nos jours, malheureusement elle est contraire aux lois
qui nous régissent. La séparation ne saurait être prononcée
que pour des causes déterminées par le législateur, or, le
code ne l'a pas autorisée dans l'hypothèse que nous examinons. D'un autre côté, tant qu'il n'a pas été annulé, le
second mariage est valable et un de ses effets civils consiste

(1) Cass. 21 juillet 1831. Sir. 1831. 1, 262.
(2) Cass. 12 août 1828. Sir 1829, 1, 42.
(3) Demante. *Cours analyt.*, I, 177 *bis*.
(4) D'Aguesseau. 28ᵉ plaidoyer. Affaire Colliquet.

dans l'obligation de la vie commune (1). Toutefois M. Demolombe admet que si la femme au lieu de demander la séparation d'habitation conclut à la nullité du mariage, on
devra lui permettre de quitter le domicile conjugal pour se
procurer des renseignements sur le sort de l'absent. Reste
à savoir s'il lui sera jamais permis de proposer la nullité.

Et de fait on a soutenu que dans tous les cas seul l'absent ou son fondé de pouvoir pourra demander l'annulation
du mariage et cela sans distinguer s'il y a présomption ou
déclaration d'absence, ou bien si l'absent est de retour. En
effet l'article 139 ne distingue pas le moins du monde entre
ces diverses situations. L'époux absent, dit-il, sera seul
recevable à attaquer le mariage. Pourquoi alors reconnaître ce droit à d'autres personnes quand la loi ne le leur
a pas accordé ? Est-ce que les motifs qui ont fait édicter
cette dérogation au droit commun, disparaissent lorsque
l'absent est revenu ? Le mariage contracté par l'époux
présent ne doit-il plus être protégé ?

Sous l'empire de l'ancien droit, la règle était tout autre,
les parties intéressées pouvaient toujours demander la
nullité de l'union contractée par le conjoint présent, en
s'offrant à prouver l'existence de l'absent. Il en résultait
des procès scandaleux qui portaient le trouble dans les
familles. C'est à ces inconvénients que les rédacteurs du
code ont voulu remédier, et pour cela ils ont décidé que
seul l'époux absent aurait le droit d'attaquer le mariage
alors qu'il serait de retour (2).

Cette interprétation donnée à l'article 139 a été très-
vivement critiquée ; on lui reproche de favoriser la bigamie,
de consacrer une situation qui constituerait un scandale
public et qui entraînerait des complications absolument

(1) Demolombe. II, 262. — Laurent. II, 248.
(2) Toullier. I, 485. — Zachariæ. I, § 159. — Laurent. I. 250.

inextricables. Car supposons que par faiblesse ou pour tout autre motif l'époux se refuse à proposer la nullité du mariage contracté pendant son absence. Qu'arrivera-t-il ? On sera exposé à voir une femme avec deux maris ou un mari avec deux femmes légitimes. Ce crime s'étalera à tous les yeux, et le ministère public sera impuissant. Bien plus, les bigames eux-mêmes n'auront pas le droit de rompre cette union qu'ils ont pu contracter de bonne foi, et ils se trouveront obligés de vivre dans la honte et dans l'adultère.

Ces considérations sont bien puissantes, et cependant malgré tout, nous nous prononçons, quoique bien à regret, pour ce système, car tous les autres nous semblent contraires au texte et à l'esprit de l'article 139.

D'après une première opinion, toute personne intéressée serait recevable à intenter l'action en nullité non-seulement au cas de retour de l'absent, mais par cela seul qu'on établirait son existence au moment de la célébration du premier mariage (1). Nous désirerions qu'il en fût ainsi, mais étant donnée la loi telle qu'elle existe, que devient l'article 139 ? Comment est-il possible de soutenir un système qui le contredit formellement ? On répond que cet article n'a pas pour but de décider par qui le mariage de l'époux absent pourra être attaqué, mais quand il pourra l'être. Et alors, suivant Marcadé, la loi voudrait dire « que le mariage contracté par le conjoint d'un absent ne pourra être attaqué que quand l'absent sera de retour, ou qu'il aura donné des preuves de son existence. » Si c'était vraiment là le sens de l'article 139, il deviendrait sans objet et sans application, car, d'après les principes généraux que nous avons exposés, l'action en nullité ne saurait être recevable

(1) Delvincourt, I, pag. 111. Duranton. I, 527. — Marcadé. I, sur l'art. 139. — Valette sur Proudhon. I, pag. 302. — Demolombe, II, 264.

tant que l'existence de l'absent n'a pas été prouvée. Le législateur n'avait donc pas besoin de le dire d'une manière spéciale dans l'article 139, et nous prétendons qu'il ne l'a pas fait. Mais, objecte-t-on, cette interprétation repose sur les travaux préparatoires du code ; nous croyons qu'ils sont en notre faveur.

. Le projet présenté dans la séance du 4 frimaire an x contenait deux dispositions : l'une portait : « L'absence de l'un des deux époux, quelque longue qu'elle soit, ne suffira pas pour autoriser l'autre à contracter un nouveau mariage; il ne pourra y être admis que sur la preuve positive du décès de l'autre époux. » L'autre était ainsi conçue : « Si néanmoins il arrivait qu'il eût été contracté un nouveau mariage, il ne pourra être dissous sous le seul prétexte de la vie ou de la mort de l'absent, et tant que l'époux absent ne se présentera point ou ne réclamera point par un fondé de procuration spécial. » Pourquoi cette rédaction primitive a-t-elle été remplacée par la rédaction actuelle? Serait-ce parce que le Conseil d'Etat voulait donner à toute partie intéressée le droit de demander la nullité? Nos adversaires le soutiennent. Lorsque ces textes furent discutés, on fit observer qu'ils paraissaient se contredire, car le premier décidait que l'époux d'un absent ne serait jamais autorisé à se remarier avant d'avoir prouvé le décès de son conjoint; l'autre, au contraire, supposait qu'un pareil mariage avait été contracté. Tronchet répondit qu'il n'y avait aucune contradiction dans ces articles et qu'ils érigeaient seulement en loi la maxime de Gilbert des Voisins : « L'incertitude de la mort de l'un des époux ne doit jamais suffire pour contracter un mariage nouveau, mais elle ne doit jamais aussi suffire pour troubler un mariage contracté. » Thibaudier insista et dit que dans le projet de loi « l'exception présentait une contradiction trop formelle avec la règle. » Il ne faut pas, ajoutait-il, que la loi, en

prévoyant la possibilité de tels mariages, semble les autoriser ouvertement. Le consul Cambacérès proposa alors de
supprimer l'art. 26 et de rédiger ainsi la fin de l'art. 27 :
« Néanmoins, si l'époux se représente, le mariage sera
déclaré nul. » Thibeaudeau, le rapporteur de la section de
législation, déclara qu'il rédigerait un article en ce sens
que : « l'époux absent pourrait seul attaquer le mariage de
son conjoint. » Aussitôt la discussion fut close et le procès-
verbal porte que la proposition fut adoptée (1).

De ce procès-verbal et des paroles de Cambacérès, on
voudrait conclure que dès le retour de l'absent le nouveau
mariage de son conjoint peut être attaqué par toutes les
personnes intéressées. Mais pas un mot n'a été dit sur
cette question. Bien plus, comme le remarque M. Laurent,
« Thibaudeau, le rapporteur, résumant le débat, formulait
le vœu du conseil dans les termes que le texte actuel
reproduit. » Et s'il est vrai que le conseil adopta la proposition de Cambacérès, il l'adopta telle qu'elle venait d'être
interprétée par Thibaudeau.

Le principe qui avait inspiré l'art. 27 du projet se retrouve donc dans l'art. 139, et nous pouvons ajouter que
telle était bien la volonté du législateur. Nous n'en voulons pour preuve que ces paroles prononcées par Bigot-
Préameneu, lors de la discussion du titre de l'Absence :
« On a voulu dans la loi proposée que le mariage contracté
pendant l'absence né pût être attaqué que par l'époux,
même à son retour, ou par celui qui serait chargé de sa
procuration ; la dignité du mariage ne permet pas de la
compromettre pour l'intérêt pécuniaire des collatéraux et
il doit suffire aux enfants nés d'une union contractée de
bonne foi d'exercer leurs droits en légitimité, droits qui,

(1) Locré. Législ. civ., II, 43, 44.

dans ce cas, ne sauraient être contestés par les enfants mêmes d'un premier mariage. »

Certains auteurs, tout en reconnaissant que l'art. 139 déroge aux principes du droit commun, n'osent l'appliquer que dans une certaine mesure. De là deux systèmes intermédiaires.

Tout d'abord, M. Démante enseigne que les nouveaux époux et le ministère public pourront seuls proposer la nullité du mariage, et cela tant que l'absent existe. En effet, l'on doit excuser un mariage contracté de bonne foi, alors que l'on croyait l'absent décédé et que la loi elle-même avait ouvert provisoirement sa succession. Ce n'est point là, suivant l'expression de Toullier, « de la bigamie pure. » On ne saurait donc autoriser les collatéraux à demander dans un intérêt purement pécuniaire la nullité de cette union et à porter ainsi le trouble dans les familles, comme cela arrivait trop souvent sous l'empire de notre ancienne jurisprudence.

D'un autre côté, le retour de l'absent crée une situation vraiment scandaleuse. On ne peut obliger ni les nouveaux époux à vivre dans l'adultère, ni le ministère public à le tolérer. Il faut donc leur permettre de rompre un pareil lien. Ce système est très moral. Malheureusement, il repose sur des distinctions que nous cherchons en vain dans l'art. 139. La loi, dit-on, divise en trois classes les personnes qui ont le droit de demander la nullité pour cause de bigamie, ce sont les nouveaux époux, tous ceux qui y ont intérêt, le ministère public (art. 184).

L'époux au préjudice duquel le premier mariage a été contracté doit être rangé parmi les intéressés. Or, l'art. 139 déclare que lui seul il sera recevable dans les cas d'absence, cela veut dire que seul parmi les personnes de sa classe, c'est-à-dire parmi les personnes intéressées, il aura la faculté d'agir. Quant aux collatéraux et aux enfants nés de l'autre mariage, en un mot tous ceux qui ont un intérêt pécuniaire, ils ne pourront jamais demander l'annulation du mariage (1). Mais les droits du ministère public restent entiers.

Pourquoi faut-il, comme nous le disions, que les termes si absolus de l'art. 139 s'opposent absolument à ce que cette opinion soit admise. Le même reproche peut être fait au système de MM. Aubry et Rau et suffit pour le faire rejeter. D'après eux, le législateur a eu l'intention, dans l'art. 139, de refuser le droit d'attaquer le mariage à toutes les personnes autres que l'absent lui-même, malgré l'offre qu'elles feraient de prouver l'existence de ce dernier à l'époque où son conjoint a contracté une nouvelle union; mais l'absent de retour, le ministère public et les intéressés pourront agir. Les motifs sur lesquels repose cette distinction ne nous semblent pas très concluants. « Si le retour de l'absent, disent les partisans de cette opinion, établit d'une manière irréfragable son existence, il n'en est pas de même des moyens à l'aide desquels on chercherait à justifier l'existence d'une personne qui n'a pas reparu à son domicile, et l'on comprend que la loi n'ait pas voulu faire dépendre le sort d'un mariage d'éléments de preuves dont l'appréciation ne serait pas à l'abri de toute chance d'erreur. » (2) Cela est vrai dans certains cas, mais ne peut-on pas aussi prévoir des hypothèses où l'existence de l'absent était aussi certaine que s'il était de retour ; pourquoi alors défendre aux intéressés d'agir ?

Ainsi donc, suivant nous, seuls l'absent ou son fondé de pouvoir seront recevables à intenter l'action en nullité. On s'est demandé si ce mandataire devait être spécial. L'art. 28

---

(1) Demante. *Encyclop. du dr.* V. *absent*, 123 à 134. — *Cours analyt.*, 1, 177.

(2) Aubry et Rau. I, § 159.

du projet l'exigeait, mais l'art. 139 n'a pas reproduit le
mot « spécial. » Delvincourt et Marcadé en ont conclu
qu'une procuration générale laissée par l'absent à son
départ serait suffisante. Et puis, comme le remarque
Marcadé, si le législateur n'avait eu en vue qu'un mandataire agissant en vertu d'un mandat exprès que l'absent lui
aurait envoyé du pays où il se trouve, il n'aurait pas demandé
qu'il fût muni en outre de la preuve de l'existence. Il a
exigé en même temps la procuration et la preuve de l'existence, c'est donc qu'il se contente d'un mandataire
général (1).

L'argument de texte que l'on invoque dans ce système
n'a pas grande valeur, car si le mot « spécial » qui était
dans l'art. 28 du projet ne se retrouve pas dans l'art. 139,
on ne peut pas dire que c'est à la suite d'une discussion ou
d'une observation qu'il en a été retranché. En second lieu,
il est difficile de soutenir que la procuration laissée par
une personne de gérer et d'administrer ses biens, com-
prenne la mission d'attaquer le mariage que son second
conjoint aurait contracté. Et du reste l'art. 1988 est formel :
« le mandat conçu en termes généraux n'embrasse que les
actes d'administration. »

Nous allons plus loin, et nous croyons que même dans
le cas où le mandat général contiendrait expressément le
pouvoir de proposer la nullité, le mandataire n'aurait pas
le droit d'intenter l'action (2). On ne saurait admettre en
effet qu'il puisse attaquer le mariage, suivant son bon
plaisir, à l'insu de l'absent, alors que celui-ci s'y serait
peut-être opposé s'il en avait eu connaissance. Indépendamment de tous ces arguments, une seule considération
suffirait pour repousser tant ce système que celui de Del-

(1) Marcadé. I, sur l'art. 139, n° 3. — Delvincourt. I, pag. 52.
(2) Contra. Duranton. I, 525,

vincourt et de Marcadé, c'est que la procuration générale donnée par l'absent cesse de produire des effets après la déclaration d'absence ; le mandataire n'aurait donc plus la possibilité de proposer la nullité, juste au moment où à raison de l'incertitude qui plane sur l'existence de l'absent, un nouveau mariage du conjoint présent est à redouter.

L'art. 139 exige que le mandataire soit muni de la preuve de l'existence de l'absent, mais on ne saurait en conclure qu'il n'est pas nécessaire que le mandat soit spécial. En effet, si ce mandat est sous-seing privé, il ne fait pas foi de sa date, par conséquent il ne prouve pas l'existence de l'absent, existence qui sera constatée au moyen d'un certificat de vie, délivré par un officier public. Si au contraire la procuration est authentique, elle établit bien l'existence de l'absent, mais seulement à l'époque où il l'a donnée. Or, l'action en nullité peut être intentée long-temps après ; un certificat de vie devra donc être encore présenté à ce moment.

Nous avons supposé jusqu'ici le retour de l'absent, mais il peut arriver qu'il soit mort. Dans ce cas, toute personne intéressée aurait-elle le droit de demander la nullité du mariage, en prouvant que l'absent n'est décédé qu'après la célébration ? On l'a soutenu ; on a dit que le droit commun reprenait son empire dès que la bigamie était certaine. Nous ne partageons pas cette opinion qui est contredite par le texte si formel de l'art. 139. « L'absent est seul rece-vable à attaquer le mariage, » lui mort, nul ne pourra donc faire annuler la nouvelle union.

## SECTION II.

Le mariage annulable pour cause de bigamie produit tous les effets civils découlant du mariage, tels que la légitimité, l'alliance, la puissance paternelle et maritale. Mais du jour où la nullité a été prononcée, ces effets disparaissent d'une manière rétroactive. La seconde union n'aura donc été qu'un concubinage, le père et la mère ne jouiront d'aucun droit sur la personne et sur les biens de leurs enfants qui se trouveront être adultérins.

Mais ceux-ci auront le droit de prouver leur filiation, tant paternelle que maternelle, à l'aide des moyens dont ils auraient pu se servir si le mariage avait été maintenu.

En vain leur opposerait-on les art. 335 et 342 qui prohibent la reconnaissance volontaire ou forcée des enfants adultérins. Il est des cas auxquels se réfèrent les art. 761 et 762 où la filiation adultérine sera constatée en dehors de toute reconnaissance volontaire ou forcée. Nous nous trouvons dans une de ces hypothèses. Ici l'adultère est prouvé par le fait de l'annulation du mariage, il en sera de même pour la filiation des enfants nés de ce commerce.

Indépendamment de toutes ces déchéances civiles qui frappent les bigames, ils tombent encore sous l'application de la loi pénale, et il résulte de l'art. 340 du Code pénal « que quiconque étant engagé dans les liens du mariage en aura contracté un autre avant la dissolution du premier sera puni de la peine des travaux forcés à temps. »

Toutefois, si les époux croyaient être libres de tous liens lorsqu'ils se sont mariés, ils pourront invoquer l'article 201 du Code civil, d'après lequel « le mariage qui a été déclaré nul produit néanmoins les effets civils tant à l'égard des époux qu'à l'égard des enfants, lorsqu'il a été contracté de bonne foi. »

On a soutenu que le bigame n'aurait jamais le droit de bénéficier de ces dispositions, parce qu'il lui était impossible d'être de bonne foi. Nous avouons qu'on devra être plus rigoureux pour lui que pour son conjoint; mais n'y a-t-il pas des circonstances où légitimement il pourra penser que son époux était mort et que, par suite, il était libre de contracter une nouvelle union? Témoin cette femme dont parle Pothier, qui s'était remariée après que le décès de son mari avait été constaté par un major du régiment où il servait (1). Il y avait eu erreur, et le mari revint un beau jour. Sa femme n'était-elle pas pourtant de bonne foi ?

Nous avons dit qu'en raison de la bonne foi des époux la seconde union, quoique annulée, produira tous les effets civils du mariage; cependant elle n'ira pas jusqu'à légitimer les enfants nés antérieurement à sa célébration. Ces enfants sont adultérins ; or, la loi en défendant leur légitimation, n'a point fait d'exception à ce principe en faveur de la bonne foi des concubins adultères.

De même, les conventions matrimoniales recevront bien en principe leur pleine et entière exécution, sauf toutefois les droits acquis au précédent conjoint. La liquidation de ces droits ne sera pas toujours bien facile. C'est ainsi que l'on se demande comment se fera le partage des biens dans le cas où un homme a épousé plusieurs femmes qui se sont toutes mariées avec lui sous le régime de communauté.

Cette question fort délicate, que nos législateurs n'ont pas prévue, déjà avait été examinée dans l'ancien droit.

(1) Pothier. *Contrat de mar.*, n° 437.

« Quant aux droits de plusieurs femmes, disent les auteurs du *Nouveau Denizart*, qui auraient contracté de bonne foi, et dont le mariage aurait subsisté en même temps sur les biens, que le mari domicilié en pays où la communauté a lieu, aurait acquis pendant le cours de ces mariages, le parti le plus raisonnable semble être de considérer les acquisitions faites pendant la durée de la cohabitation avec chaque femme comme le résultat d'une société telle qu'elle aurait pu exister entre personnes étrangères, et de partager les bénéfices, non pas selon les règles de la communauté conjugale, mais plutôt selon les règles générales du contrat de la société (1). »

Ce système, en faveur duquel s'était prononcé un arrêt du 7 juillet 1584 (2), a été adopté par Toullier, Duranton et Vazeille. Pour nous, nous ne saurions l'admettre parce qu'il viole l'article 202. La loi dit que le mariage putatif produit les effets civils à l'égard de l'époux de bonne foi. Or, en droit français, la communauté légale ou conventionnelle, est un effet civil du mariage auquel cependant, il faut le reconnaître, les conjoints peuvent déroger, soit en la modifiant, soit en l'excluant même par leur contrat. Mais quand elle existe, l'épouse de bonne foi peut l'invoquer comme tout autre effet du mariage ; vouloir qu'elle soit traitée comme une simple associée de son mari, serait la léser dans ses intérêts, car alors, elle n'aurait droit qu'aux profits d'une société particulière. D'un autre côté, ce mode de liquidation est injuste à l'égard de la première femme. Supposons que la communauté, pendant le premier mariage, ait donné des bénéfices et qu'à partir du second elle ait présenté des pertes, la première femme sera tenue de l'accepter ou de la répudier pour le tout. Si elle accepte,

(1) Nouv. Denizat. V. *Bonne foi des contr.*, III, pag. 614.
(2) Charondas. Réponses, VIII, 7.

elle sera tenue de la moitié des dettes contractées pendant le second mariage ; pourquoi lui refuser le droit de prendre aussi la moitié des conquêts réalisés à partir de cette époque ?

Frappé de ces inconvénients, Marcadé proposa d'accorder à la première femme la moitié (ou toute autre fraction déterminée en son contrat de mariage) du fonds commun, diminué de la mise de la seconde femme (1).

Demolombe s'est rangé à cette opinion. D'après lui, il faudra liquider successivement et séparément chacune des communautés en commençant par la plus ancienne. On en déduit les mises provenant du chef de l'autre conjoint de bonne foi, et le partage a lieu comme si aucune autre communauté ne s'était formée en concurrence avec elle. Dans le cas où la seconde femme prouverait que la part attribuée au premier conjoint a diminué à son préjudice la communauté à laquelle elle avait droit, elle pourra exercer sur les biens personnels du bigame une récompense égale à ce préjudice (2).

Un arrêt de la Cour de Bordeaux, du 18 mai 1852, est venu confirmer cette doctrine. Le tribunal de Périgueux, suivant le système de l'arrêt de 1584, avait décidé que la communauté cessait du jour où le mari avait contracté un second mariage, que, dès lors, il se formait une seconde société dans laquelle tombait sa part de la première communauté.

La Cour de Bordeaux réforma ce jugement et déclara que la communauté de la première femme embrassait toute la durée du mariage et s'était continuée jusqu'au décès du mari, nonobstant l'union contractée par lui au cours du vrai et légitime mariage. « Donc, ajoutait-elle, tous les

(1) Marcadé. I, sur l'art. 202.
(2) Demolombe, III, 317.

biens acquis depuis le second mariage sont pour elle, comme ceux qui auraient été acquis auparavant, des acquêts de cette communauté dont la loi lui attribue la moitié (tant qu'elle n'est pas dissoute par une cause légale), et la première épouse ne peut voir diminuer son droit ni par le crime du mari, ni par l'erreur de sa seconde femme (1). »

MM. Aubry et Rau ont adopté le mode de liquidation proposé par Marcadé et par M Demolombe, et en faveur duquel s'est prononcée la Cour de Bordeaux ; ils le modifient toutefois en ce qu'ils ne permettent pas à la seconde femme de prendre la moitié de la communauté telle qu'elle existe au jour de la dissolution de son mariage sans une déduction préalable en raison des droits de la première femme. De même que la seconde épouse déduit ses reprises, de même aussi la première pourra exiger la déduction de ses droits fictivement liquidés au jour de la célébration du second mariage ; alors seulement on devra procéder au partage (2).

Pour ce qui est des reprises, elles s'exercent sur la masse commune ; mais la femme légitime viendra la première. Les reprises ont-elles lieu en nature ? Nul conflit n'est à redouter.

En outre de leurs droits de communauté, la femme légitime et la seconde femme de bonne foi jouissent encore d'une action en dommages-intérêts contre le bigame ; car, ainsi que le remarque fort bien la Cour de cassation, « une indemnité est due, non-seulement à celui qui par la faute d'autrui a éprouvé une perte dans sa fortune, mais encore à celui qui, sans avoir souffert aucune lésion dans ses intérêts pécuniaires, est fondé à se plaindre, soit d'atteintes injustement portées à son honneur, soit de tout autre fait de

(1) Bordeaux, 18 mai 1852. Sir. 1852, 2, 609.
(2) Aubry et Rau. V, § 460.

nature à lui causer un préjudice moral. » Ce préjudice
n'existe-t-il pas alors qu'une femme a été indignement
trompée par un homme qu'elle croyait libre de tout enga-
gement? N'est-elle pas atteinte, même dans ses intérêts
matériels, puisqu'elle perd avec les avantages du passé
ceux de l'avenir et toutes les chances d'un établissement
convenable (1)?

En vain dira-t-on que le législateur en attribuant les
effets civils au mariage déclaré nul, quand il a été contracté de bonne foi par l'un des époux, a entendu que cet
avantage tienne lieu à l'époux trompé de toute réparation
du préjudice qu'a pu lui causer le dol dont il a été
victime (2).

Le mariage contracté de bonne foi ne produit ses effets
que dans le passé, le second époux aura donc toujours le
droit de réclamer une indemnité à raison de la triste situation où le met, pour l'avenir, l'annulation de ce mariage.

Nous avons dit que le jugement qui prononçait l'annulation du second mariage contracté avec mauvaise foi anéan-
tissait tous les effets juridiques ayant pu en découler. Pourtant ce jugement laisse subsister les rapports résultant de la
société de fait qui existait entre les époux. Il leur sera donc
permis de procéder à la liquidation de leurs droits : c'est
ainsi que le tribunal civil de Lyon a autorisé une femme
qui s'était mariée de mauvaise foi à reprendre ses apports
mobiliers, déclarant que le mari était tenu de les restituer
en vertu d'un quasi-contrat (3).

---

(1) Coin Delisle. Rev. crit. de jurispr. 1854. V.
(2) Cassation, 18 août 1829. Sir. 1829, 1, 337.
(3) Lyon, 9 juillet 1845. Sir. 1847, 2, 49.

# CHAPITRE III

Des empêchements spéciaux aux seconds mariages.

I. — L'alliance résultant d'un mariage actuellement dissous est un empêchement de mariage entre le conjoint survivant et les parents de l'autre. Cette prohibition n'est point limitée en ligne directe (art. 161); en ligne collatérale elle s'étend jusqu'au degré de frère et de sœur inclusivement (art. 163).

On a essayé de soutenir que cette prohibition existait aussi entre les alliés au degré d'oncle et de nièce, de tante et de neveu; mais, avec beaucoup de raison, la cour de cassation a rejeté un pareil système (1). L'article 163 ne défend le mariage qu'entre l'oncle et la nièce, la tante et le neveu ; cette disposition ne saurait être étendue aux alliés du même degré, car les empêchements sont de droit strict et ne peuvent résulter que d'une manifestation expresse de la loi.

Pour ce qui est des beaux-frères et belles-sœurs, certains jurisconsultes ne comprennent pas qu'il leur ait été défendu de se marier entre eux. Comme le disait M. Emmery à la séance du conseil d'Etat du 26 fructidor an IX, « l'intérêt même des enfants demande qu'on autorise ces unions ; ils retrouvent dans le frère ou dans la sœur de

(1) Cass. 10 novembre 1858. Sir. 1858, 1, 70.

leur père ou de leur mère l'affection et les soins de ce dernier. » Tronchet soutint que la prohibition de ces mariages était réclamée par les mœurs (1); son opinion prévalut, et nous la trouvons formulée dans l'article 162 (2).

Depuis lors, le législateur a compris que cette disposition était bien rigoureuse, et une loi du 16 avril 1832 a autorisé le gouvernement à lever par des dispenses les empêchements entre beaux-frères et belles-sœurs. Une circulaire ministérielle du 29 avril 1832 a indiqué quelle serait la nature des causes pouvant motiver les dispenses.

Le jugement prononçant l'annulation du mariage fait-il disparaître l'alliance qui s'est formée par cette union et les empêchements qui en résultent?

D'après un premier système c'est par le mariage seul que l'alliance s'établit entre chacun des époux et les parents de l'autre. Sans doute le législateur ne l'a pas dit d'une manière formelle, mais partout, dans nos lois, le mot « alliés » n'est-il pas pris dans ce sens? (art. 975 code civ. 268, 283 proc.) Et du reste il en a toujours été ainsi. « Affinitatis causa fit ex justis nuptiis » (3), disaient les jurisconsultes romains. Nous retrouvons la même règle dans notre ancien droit: « L'affinité proprement dite est le rapport qu'il y a entre l'un des conjoints par mariage et les parents de l'autre » (4). C'est à ces principes qu'il faut nous référer; et alors, si vraiment l'alliance ne peut naître que du mariage, elle n'aura pas été produite dans notre hypothèse puisque ce mariage est nul.

Toutefois, suivant **M.** Demolombe, dans le cas où les

(1) Locré. Esprit. du cod civ. II, pag. 118.
(2) En défendant le mariage entre beaux-frères et belles-sœurs, le Code n'avait fait que reproduire une prohibition édictée par le droit canonique.
(3) Loi 4, § 3, 8 D. *de grad. et affin.*
(4) Pothier. *Du contr. de mar.*, n° 160.

époux sont de bonne foi, l'alliance sera au nombre des effets civils que produit le mariage putatif et il y aura lieu d'appliquer les empêchements qui en résultent (1).

Une telle opinion ne saurait être admise. Comment soutenir qu'un mariage qui peut-être n'a été annulé qu'après de longues années n'établit aucune alliance lorsqu'il a été contracté de mauvaise foi ? Mais alors il faudra permettre à cet homme d'épouser la fille ou la mère de celle avec qui il avait contracté ce mariage annulé ! Cette femme aura le droit d'avoir pour maris successifs un père et son fils. La loi n'a pu autoriser une pareille monstruosité, et donner en quelque sorte une consécration à l'inceste.

Ces considérations ont amené Duranton à corriger ce système par trop absolu, et il a décidé que même lorsque les époux sont de mauvaise foi, le mariage annulé donnera naissance à l'affinité ; toutefois, elle ne constituera qu'un empêchement prohibitif (2).

Cette distinction est arbitraire et impossible; car, suivant la remarque de M. Demolombe, l'empêchement existe ou il n'existe pas ; si oui, il est toujours dirimant ; si non, il n'est pas même prohibitif. Mais est-ce que le même reproche ne pourrait pas être fait à la distinction proposée par M. Demolombe ? Il soutient qu'elle découle des articles 201 et 202 d'après lesquels le mariage annulé produit ses effets civils à l'égard des époux de bonne foi. Malheureusement cette disposition n'est pas générale et ne se trouve vraie que pour les effets produits par ce mariage jusqu'au moment de son annulation. Pourquoi alors en étendre illégalement la portée, et créer au détriment des anciens époux un empêchement qui continuera de subsister dans l'avenir ? Si donc il faut admettre que l'alliance civile

(1) Demolombe. III, 112.
(2) Duranton. II. 159.

seule engendre un empêchement de mariage, on doit aller jusqu'à dire que malgré la bonne foi des époux, l'annulation a pour effet de faire disparaître tout empêchement entre l'un d'eux et les parents de l'autre (1).

Mais nous croyons qu'à côté de l'alliance civile résultant du mariage, il y a aussi une véritable alliance naturelle qui est produite par le commerce illicite de deux personnes non mariées. Et en affirmant cette théorie nous n'allons pas contre les principes de notre législation actuelle, car le code n'a point dit ce qu'était l'affinité. Qu'en conclure, sinon qu'il a employé le mot suivant l'acception qu'il avait autrefois ? Or, le droit canonique et notre ancien droit civil donnaient le nom d'affinité au lien qui résultait tant du mariage que d'une union illégitime. « Lorsque deux personnes, dit Pothier, ont commis ensemble une fornication, il naît de cette union illicite une espèce d'affinité entre l'une de ces personnes et les parents de l'autre » (2). Cette affinité créait jadis un empêchement de mariage, il doit en être encore ainsi de nos jours car rien ne prouve que les rédacteurs du code aient voulu répudier cette jurisprudence « fondée sur les motifs les plus graves de morale et d'honnêteté publique » (3). On objecte à ce système, qu'il donne naissance à des procès scandaleux et va même contre les dispositions de la loi qui ne permet de rechercher la preuve du concubinage que pour punir l'adultère ou établir la filiation dans certains cas. Mais on répond avec raison que souvent la preuve du commerce illicite se trouvera établie sans qu'il soit besoin d'aucune recherche, par exemple : dans le cas où un enfant naturel aurait été reconnu à la fois par son père et par sa mère.

(1) Aubry et Rau. V, § 461.
(2) Pothier. *Contr. de mar.*, n° 150.
(3) Zachariæ. II, § 466. — Aubry et Rau. V, § 461. not. 13.

L'empêchement résultant de l'alliance constitue un empêchement dirimant qui entraîne la nullité absolue du mariage ; cette nullité peut être proposée par toutes les personnes qui y ont un intérêt.

II. — Une autre prohibition spéciale aux seconds mariages est celle qui est édictée dans l'article 298. Aux termes de cet article, lorsqu'un divorce avait été prononcé pour cause d'adultère, l'époux coupable ne pouvait jamais épouser son complice. Nous avons vu que cette disposition était encore en vigueur pour les personnes divorcées avant la loi du 8 mai 1816 ; mais doit-elle être étendue au cas de séparation de corps ?

Quelques auteurs sont de cet avis. Suivant eux, l'époux contre lequel la séparation a été obtenue pour cause d'adultère, n'a pas le droit de se marier avec son complice après le décès de l'autre époux. Et en effet la séparation de corps a été prononcée pour les mêmes motifs que pour le divorce ; on doit donc appliquer la même pénalité. A la vérité le législateur ne le dit pas, mais on admet généralement que les règles relatives au divorce doivent être observées en matière de séparation de corps toutes les fois qu'elles ne sont pas contraires à son principe et à sa nature. Pourquoi ne pas le faire dans notre hypothèse (1) ?

Nous nous refusons à étendre l'empêchement de l'article 298 au cas de séparation de corps, parce que les motifs qui ont fait édicter cette prohibition ne se rencontrent pas dans notre hypothèse. La loi n'a pas voulu que l'époux contre lequel le divorce a été prononcé pour cause d'adultère trouve dans ce divorce même le moyen de satisfaire plus facilement sa passion en épousant son complice. L'époux séparé de corps, au contraire, est toujours marié; par conséquent, cet inconvénient n'est plus à redouter, ou tout au

(1) Delvincourt. I, pag. 64. — Vazeille. I, 108.

moins, il sera obligé, avant de contracter une nouvelle union, d'attendre la mort de son conjoint. Et du reste ce seul motif que les dispositions restrictives ne doivent pas être étendues d'un cas à un autre suffirait pour restreindre l'application de l'article 298 (1).

# CHAPITRE IV

### Du délai dans lequel un second mariage ne peut être contracté.

Dans le projet du Code, on défendait au mari devenu veuf tout comme à la femme de se remarier avant un certain délai. En effet, l'art. 1er de la section III sur les seconds mariages était ainsi conçu :

« La femme ne peut contracter un nouveau mariage qu'après dix mois révolus depuis la dissolution du mariage précédent. Le mari ne peut non plus contracter un second mariage qu'après trois mois depuis cette dissolution. »

Il y avait là une innovation. Jusqu'alors on s'était contenté d'interdire à la femme une union trop hâtive à cause des inconvénients qui pouvaient en résulter, mais comme pour le veuf il n'y avait rien à craindre de ce côté-là, on lui laissait une liberté absolue.

Le consul Cambacérès demanda quels étaient les motifs qui avaient déterminé la section à étendre cette disposition

(1) Demolombe. III, 126. — Aubry et Rau. V, § 463.

au mari. On lui répondit que la décence paraissait l'exiger. Mais alors il fit remarquer qu'il valait bien mieux s'en rapporter aux convenances et aux usages reçus, et que le Code nouveau ne devait pas multiplier les entraves aux mariages, sans aucun profit pour la morale publique.

Tronchet fut de cette opinion, parce que quand il s'agissait du mari, il n'y avait pas à redouter une confusion de part.

Et puis il ajoutait « que le terme proposé serait trop long pour les cultivateurs, pour les artisans, enfin pour une foule d'individus de la classe du peuple, à qui le secours d'une femme est nécessaire par rapport à la conduite de leur ménage. » Ces considérations n'avaient pas convaincu le premier consul. « Quant au mari, disait-il, il faut ou n'en pas parler et s'abandonner aux mœurs et aux usages ou lui interdire le mariage pendant un terme plus long. Il serait inconvenant que le Code se montrât sur ce point plus indulgent que l'usage (1). » Plutôt que d'étendre ce délai de deuil, on préféra le supprimer, de telle sorte qu'aujourd'hui il est permis au veuf de se remarier quand bon lui semble.

Pour ce qui est de la femme, on se garda bien de réclamer au sujet de la disposition qui lui défendait de se remarier dix mois avant la dissolution du mariage. Les rédacteurs du Code avaient aperçu les inconvénients qui souvent résultaient d'unions précipitées, aussi est-ce avec raison qu'ils ne voulurent point reproduire les règles du droit canon, qui pourtant avaient été adoptées par un grand nombre de coutumes. Quelques-uns même, et parmi eux le premier consul, trouvèrent que le délai de dix mois n'était pas assez long ; il leur semblait convenable qu'une plus longue réserve fût imposée à la veuve. Le législateur crut qu'il y avait là une question de décence dont il ne devait

(1) Fenet. Discussions. IX, pag. 80.

pas trop se préoccuper ; il voulut surtout prévenir une confusion de part, or cette *turbatio sanguinis* n'était plus à craindre après les dix mois de viduité que le projet imposait à la femme. Cette disposition fut donc adoptée et est devenue l'art. 228 de notre Code civil, d'après lequel « la femme ne peut contracter un nouveau mariage qu'après dix mois révolus, depuis la dissolution du mariage précédent. »

Toutefois, cet article n'a pas seulement été édicté afin d'éviter une incertitude de paternité, mais encore pour répondre à ce sentiment de convenance publique qui exige que la veuve paraisse tout au moins pleurer quelque temps son mari, avant de convoler à un nouveau mariage. Voilà pourquoi la femme qui accouche dans les dix mois de son veuvage ne peut pas se remarier avant l'expiration du délai de viduité. De même, le gouvernement ne saurait accorder des dispenses pour abréger ce délai (1).

Aujourd'hui que le divorce et la mort civile sont abolis, la prohibition de l'art. 228 ne s'applique qu'au cas de décès ; mais auparavant elle était en vigueur, quelle que fût la cause de dissolution du mariage.

Nous avons vu que d'après certains auteurs, les étrangers légalement divorcés peuvent se remarier en France, pourvu que la loi de leur pays les y autorise. La femme étrangère qui se trouve dans ces conditions sera-t-elle tenue d'observer le délai imposé par la loi française, alors que son statut personnel ne l'exige point ? Pour nous, la question ne se présentera pas, puisque nous soutenons que cette femme ne pourra pas contracter une nouvelle union en France avant la mort de son conjoint ; mais à supposer qu'elle ait ce droit, il nous semble qu'elle devrait se soumettre à la règle de l'art. 228. En vain objecterait-elle que la loi de son pays la laisse libre de se remarier

(1) Lettr. ministér. 30 juin 1813.

quand elle le veut ; notre Code a édicté sur ce point une
disposition d'ordre public devant laquelle fléchit son statut
personnel. Et peu importe, d'après la Cour de Paris, que
la loi étrangère ait pourvu de son côté par d'autres moyens
au danger des confusions de part ; les conditions d'ordre
public en France dépendent uniquement des règles souve-
raines de la loi française, et les tribunaux ne sauraient
chercher d'équivalent à ces règles dans les dispositions du
droit étranger (1).

Suivant un grand nombre de jurisconsultes, la disposition de l'art. 228 doit être étendue au cas où le mariage a
été déclaré nul, et dans cette hypothèse, la femme sera
encore obligée d'attendre un délai de dix mois avant de se
marier.

La raison qu'ils en donnent est que l'incertitude de
paternité est à craindre. « Sans doute le mariage est annulé,
mais cette annulation ne détruit pas absolument tous les
effets du mariage ; c'est ainsi que les enfants nés de l'union
des époux leur appartiennent et leur filiation se prouve
indépendamment de tout acte spécial de reconnaissance (2). »

Assurément, si on laisse à la femme dont le mariage a
été annulé la faculté de se remarier quand elle le juge à
propos, il peut s'en suivre une *turbatio sanguinis*, que
l'art. 228 préviendra. Pourtant il ne faut pas oublier que
cet article ne s'applique qu'au cas de dissolution du
mariage et que dans notre hypothèse ce mariage n'a jamais
existé. L'union dissoute n'était qu'un concubinage auquel
on ne saurait étendre la prohibition de l'art. 228, qui,
comme toutes les mesures restrictives, ne doit être observée
que dans les espèces prévues par un texte formel.

(1) Paris, 13 février 1872. Sir. 1873, 2, 112.
(2) Demolombe. I, 124. — Duranton. II, 175. — Trèves, 30 avril
1806. Sir. 1806, 2, 139.

Toutefois, si le mariage annulé avait été contracté de bonne foi, la femme devrait se soumettre à la règle de l'art. 228. Remarquons bien que ce n'est par extension de cet article, mais parce que le mariage putatif produit tous les effets civils du mariage et que cet empêchement est un de ses effets. Et puis l'enfant conçu avant l'annulation bénéficie de la bonne foi de ses parents, lui aussi a le droit d'invoquer les effets civils du mariage, il faut donc que sa filiation ne puisse pas être contestée.

La défense faite à la veuve de se remarier avant que dix mois soient écoulés depuis la dissolution du mariage a été édictée dans un but d'ordre public. La morale exige qu'une femme ne puisse pas porter dans d'autres familles le fruit d'une première union ; la société même y est intéressée. On devrait en conclure que cette disposition constitue un empêchement dirimant qui entraîne la nullité absolue du mariage. Et, de fait, on l'a soutenu (1). En outre des considérations morales que nous venons de présenter, on invoque en faveur de cette opinion le texte même de l'article 228, aux termes duquel la femme *ne peut* contracter un nouveau mariage qu'après dix mois révolus depuis la dissolution du premier.

Ces mots si explicites : « la femme ne peut contracter mariage, » montrent bien que toute union contractée au mépris de cette défense doit être annulée. Sans doute le législateur ne le dit pas expressément, mais, en attachant cette sanction à l'article 228, nous ne faisons qu'appliquer ce principe de droit universellement admis qui se trouve formulé dans la loi 5 au Code, *de legibus*. « Ea quæ lege fieri prohibentur si fuerint facta non solum inutilia sed pro infectis etiam habeantur, licet legislator fieri prohibuerit

---

(1) Delvincourt. I, pag. 125. — Proudhon. I, pag. 404.

tantum, nec specialiter dixerit inutile esse debere quod factum est. »

Dumoulin reproduisait cette même idée, mais avec plus de précision quand il disait : « Particula *non*, præposita verbo *potest*, tollit omnem potentiam juris et facti, designans actum impossibilem. »

Cette règle est vraie en général, mais on ne saurait l'appliquer dans notre hypothèse, car il est certain que les rédacteurs du Code, quels que soient les termes dont ils se sont servis, ont voulu maintenir l'existence du mariage contracté malgré la prohibition de l'article 228. Et, tout d'abord, comment soutenir qu'ils aient créé une nullité qui n'existait pas dans notre ancien droit, sans la mentionner dans le chapitre relatif aux nullités de mariage, et sans indiquer les personnes qui auraient le droit de l'exercer ? Le silence de la loi est d'autant plus significatif que plusieurs tribunaux d'appel avaient demandé, dans leurs observations sur le projet de Code civil, que la nullité du mariage fût établie comme sanction de la règle posée dans l'article 228. On n'a pas tenu compte de cette observation ; qu'en conclure, sinon que le mariage contracté au mépris de l'article 228 est valable, et que, par conséquent, la prohibition de se remarier constitue un empêchement simplement prohibitif qui donne aux ascendants dont parle l'article 173 le le droit de faire opposition au mariage. Quant au ministère public, il n'aura pas cette faculté, mais il serait de son devoir de dénoncer cet empêchement à l'officier de l'état-civil. Si celui-ci procède à la célébration du mariage avant l'expiration des dix mois de viduité, il est frappé par l'article 194 du Code pénal d'une amende de 16 à 300 francs.

Nous avons dit que la disposition de l'article 228 avait pour but d'éviter toute incertitude de paternité ; il arrivera que la confusion de part n'est plus à craindre, alors même que la femme se serait mariée avant l'expiration des dix mois ; c'est dans le cas où elle a accouché avant de contracter la nouvelle union. Il en serait encore de même si la naissance avait eu lieu moins de cent quatre-vingts jours après la célébration du second mariage. Mais supposons que la femme accouche plus de cent quatre-vingts jours après cette célébration et moins de trois cents jours après la dissolution du précédent mariage ; à qui l'enfant doit-il être attribué ? Aux termes de l'article 314, le second mari est le père de cet enfant ; ce serait au contraire le premier, d'après l'article 315.

Il y a là deux présomptions rivales ; quelle est celle qui doit l'emporter ? Nous croyons qu'il est de toute impossibilité de formuler une règle précise.

Divers systèmes avaient été proposés sur ce point par les anciens auteurs. Les uns décidaient que l'enfant devait être considéré comme né des œuvres de l'un et l'autre mari, et ils en concluaient qu'il avait le droit de succéder à l'un et à l'autre. Les autres pensaient que l'enfant pouvait opter entre l'ancien et le nouveau mari, et choisir celui des deux qu'il lui convenait d'avoir pour père (1). Ce système est celui que consacrent les lois anglaises (2). Ici « on penchait pour la déclaration qui favoriserait le plus l'enfant (3). » Ailleurs on décidait qu'à raison de l'obscurité qui plane sur la filiation, il fallait considérer l'enfant comme n'appartenant à aucun des deux maris, et, par suite, le repousser de la succession de l'un et de l'autre. Certains voulaient décider la question d'après les ressemblances que l'enfant pouvait avoir avec l'un des deux maris : « Ex ore, vultu partus et lineamentis defunctum maritum superstitemve referentibus. » Enfin, d'après Voët, « l'enfant devait être attribué

(1) Dalloz. Répertoire. V. patern. et fil., n° 91.
(2) Blackstone. Comment. des lois angl., II, vIII.
(3) De la Combe. Recueil de jurispr. V. enfant, n° 8.

au second mari, non-seulement dans le cas où le premier, longtemps abattu par la maladie dont il était mort, était présumé n'avoir eu aucun rapport avec sa femme, mais encore si, enlevé par une mort soudaine, il avait pu engendrer peu de temps auparavant (1). » Il reconnaissait bien qu'il y avait quelque incertitude sur la véritable origine de l'enfant né dans de telles conditions, mais, disait-il, c'est le second mari qui a causé la confusion de part et créé la difficulté ; il est donc plus équitable que ce soit lui qui soit obligé de nourrir l'enfant et de le faire son héritier.

La plupart de ces opinions n'ont pas été reproduites par nos auteurs modernes. Aujourd'hui, trois systèmes sont en présence.

Ceux pour lesquels la défense édictée par l'article 228 constitue un empêchement dirimant, décident que l'enfant né du mariage contracté au mépris de cette prohibition doit être attribué au premier mari.

Suivant la majorité des auteurs, les présomptions légales des articles 314 et 315 s'annihilent en quelque sorte. On doit donc ne pas s'en préoccuper et il faut laisser aux tribunaux le pouvoir de décider d'après les circonstances et dans le doute d'après le plus grand intérêt de l'enfant, quel est celui des deux maris qui doit être réputé le père (2).

On reproche à cette solution d'être peu conforme aux vues du législateur. Il a toujours eu pour but de proscrire les recherches de paternité si délicates et si difficiles ; voilà pourquoi il a préféré établir des présomptions légales ; ces présomptions ne sauraient être écartées, mais il faut choisir entre elles. Or, n'est-il pas plus vraisemblable de s'en tenir à la présomption de l'article 314 et de dire que l'en-

---

(1) Voët. ad pandect. *de his qui sui vel alien. jur. sunt*, n° 9.
(2) Duranton. III, 63. — Marcadé. I, sur l'art. 228. — Aubry et Rau. V, § 545.

fant aura pour père le second mari? Et, en effet, comme le
remarque M. Demolombe, il est à croire que la femme n'é-
tait point enceinte lorsqu'elle s'est remariée. Cette supposition, conforme aux probabilités, est en même temps très
morale. D'un autre côté, l'enfant aura été inscrit sous le
nom du nouveau mari qui l'aura reconnu avec la mère
comme le fruit de leur mariage ; la possession d'état sera
donc conforme à son titre, et les faits trancheront eux-
mêmes la question (1).

Cette opinion est peut-être plus juridique que l'autre,
seulement elle supprime la présomption légale de l'article
315, d'après laquelle l'enfant né moins de trois cents jours
après la dissolution du mariage doit être attribué au premier mari. M. Demolombe s'en est bien aperçu, aussi ac-
corde-t-il à l'enfant le droit d'invoquer, dans certains cas,
cette présomption, et de prouver qu'il n'est pas né des
œuvres du second mari ; malheureusement il ne nous indique pas quelles seront ces hypothèses. D'un autre côté,
qui sera chargé d'apprécier les faits sur lesquels l'enfant
s'appuiera pour rechercher sa paternité? Ce ne peuvent
être que les tribunaux. Mais nous retombons alors dans
le premier système qui, en fin de compte, est le plus
rationnel.

(1) Demolombe. V. 93.

# SECONDE PARTIE

---

## Des mesures de protection prises dans l'intérêt des enfants issus d'un précédent mariage.

Les dispositions que les rédacteurs du Code ont édictées en faveur des enfants du premier lit ont toutes été empruntées au droit romain ou à notre ancienne législation. Parmi ces mesures restrictives qui frappent le conjoint remarié soit dans la liberté de disposer de sa fortune, soit dans l'exercice des droits qui découlent de la puissance paternelle, les unes s'appliquent à tous les seconds mariages, les autres au contraire varient suivant que la nouvelle union a été contractée par un homme ou une femme.

Pour mettre un peu d'ordre dans l'étude de ces règles dont quelques-unes soulèvent dans leur application de sérieuses difficultés, nous examinerons successivement ;

1° Les effets communs au second mariage de l'homme et de la femme ;

2° Les effets spéciaux au second mariage de l'homme :

3° Les effets spéciaux au second mariage de la femme.

---

# CHAPITRE I

### Des effets communs au second mariage de l'homme et de la femme.

L'effet le plus important et assurément le plus rigoureux d'un second mariage est de restreindre la quotité disponible entre époux. « L'homme ou la femme, dit l'art. 1098, qui, ayant des enfants d'un autre lit, contractera un second ou subséquent mariage, ne pourra donner à son nouvel époux qu'une part d'enfant légitime le moins prenant, et sans que, dans aucun cas, ces donations puissent excéder le quart des biens. »

De prime abord, on s'étonne que notre Code renferme cette mesure restrictive qui a pour résultat d'apporter des entraves aux nouvelles unions, alors que le souci constant du législateur a été de favoriser les mariages et qu'il considérait même « toute loi ne cherchant pas à les encourager comme contraire à la politique et à l'humanité (1). » Et de fait, Regnault en fit la remarque lors de la discussion de l'art. 1098 au Conseil d'État ; mais instruits par l'expérience de plusieurs siècles, les rédacteurs du Code ne voulurent pas laisser sans défense les enfants du premier lit; toutefois ils n'adoptèrent pas toutes les règles protectrices qui étaient proposées.

En effet, l'art. 176 du projet était ainsi conçu :

« L'homme ou la femme qui, ayant des enfants d'un autre

(1) Fenet. XII, pag. 569.

lit, contractera un second ou subséquent mariage, ne
pourra donner à son époux qu'une part d'enfant légitime
le moins prenant en usufruit seulement. Il ne pourra disposer à titre gratuit ni onéreux des immeubles qu'il a
recueillis à titre de don de son époux ou de ses époux précédents, tant que les enfants, issus des mariages desquels
sont provenus ces dons, existent. »

Cet article reproduisait les deux chefs de l'Edit des
secondes noces; il était même plus sévère, car il permettait
à l'époux remarié de ne laisser à son nouveau conjoint
qu'une part d'enfant le moins prenant en usufruit; or, aux
termes de l'ordonnance de 1560, cette part pouvait être en
pleine propriété. Le Conseil d'Etat fut d'avis qu'il fallait
revenir à cette disposition.

M. Berlier fit alors observer que la situation de l'époux
donataire serait quelquefois par trop favorable, car s'il n'y
avait qu'un enfant ou deux du premier mariage et point
du second, il pourrait, en partageant avec eux, prendre la
moitié ou le tiers de la succession. Aussi pensait-il « qu'il
était juste d'établir à côté de la règle principale relative à
la part de l'enfant, une exception qu'elle ne devrait à
l'égard du nouvel époux excéder une quotité quelconque
de la succession, par exemple le quart. » Cet amendement
fut adopté (1).

Pour ce qui est de la seconde disposition de l'art. 176
qui prescrivait à l'époux remarié de conserver aux enfants
du premier lit les immeubles recueillis dans la succession de
l'époux décédé, on la supprima comme contraire aux principes de la nouvelle législation, en tenant compte de l'origine des biens et en grevant le conjoint remarié d'une véritable substitution au profit des enfants issus du précédent
mariage. En outre, cette prohibition mettait les enfants du

(1) Fenet. XII, pag. 416.

second lit dans une situation défavorable. Or, les rédacteurs du Code se sont toujours efforcés de maintenir l'égalité entre les enfants issus d'unions successives. C'est pour ce motif qu'ils ont supprimé le privilége de double lien qui, dans l'ancien droit, permettait aux enfants du premier lit de venir à la succession de leur auteur, à l'exclusion des enfants nés d'un nouveau mariage.

Ce privilége était en vigueur dans un grand nombre de provinces ; sans doute quelques coutumes ne l'accordaient pas, mais elles faisaient toujours une distinction entre les enfants des différents lits, « des lits brisés et des lits à part, » comme disait l'art. 125 de la coutume de Lorraine. Ici les enfants du premier lit « prenaient les propres et les conquêts du premier mariage ; les enfants du second, les meubles et les conquêts immeubles faits durant le second mariage. » (1) Ailleurs on donnait aux enfants de chaque union les biens qui avaient été acquis durant cette union (2). Les coutumes de Saint-Sever et de Dax voulaient qu'il y eût autant de parts que de mariages ; c'est ce que la dernière de ces lois appelait « succéder par rentrée. »

Il y avait une véritable injustice à restreindre ainsi les droits des enfants issus d'un nouveau mariage sur la succession de l'époux remarié ; bien plus, cette restriction ne reposait sur aucun motif. Quelques-uns de nos anciens jurisconsultes le comprirent bien ; aussi, en 1583, lors de la réforme des coutumes, on proclama dans certaines provinces le principe de l'égalité entre les enfants des différents lits (3). C'est ainsi que le nouvel article 302 de la coutume d'Orléans décida que « en ligne directe les enfants succèderaient également ès meubles et héritages roturiers. » Mais

(1) Coutumes de l'évêché de Metz, art. 5. — Coutumes de Chartres, art. 98.
(2) Coutumes de Bordeaux, art. 70.
(3) Lebrun, livr. I, chap. IV, sect. V.

la plupart des coutumes continuèrent à suivre les anciennes règles, et il en fut ainsi jusqu'au moment où l'article 745 du Code civil vint déclarer d'une manière formelle « que les enfants ou leurs descendants succèdent à leurs père et mère, aïeuls, aïeules ou autres ascendants, encore qu'ils soient issus de différents mariages. »

## SECTION I

### NATURE DE LA PROHIBITION DE L'ARTICLE 1098

Si l'on s'en tenait aux termes négatifs employés par le législateur dans l'article 1098 « l'homme ou la femme ne pourra donner... » on serait en droit de dire qu'il décrète une incapacité purement personnelle. Mais comme le remarque fort justement Marcadé (1), pour discerner si une loi est réelle ou personnelle, la raison dit assez qu'il faut s'occuper des idées non des mots, et que le seul moyen de saisir la distinction sera de faire abstraction complète de la manière dont la loi peut être rédigée, pour rechercher le but définitif et dernier qu'on a voulu atteindre en portant cette loi, la pensée qui préoccupait le législateur lorsqu'il l'a écrite.

Quel était le désir des rédacteurs du code lorsqu'ils ont établi la prohibition de l'article 1098 ? On a soutenu qu'ils voulaient infliger une peine au veuf ou à la veuve qui contracte une nouvelle union. Si telle avait été leur pensée, ils auraient restreint dans tous les cas la quotité disponible dont peut être gratifié le nouveau conjoint ; or, cette restriction ne s'applique que quand il y a des enfants

(1) Marcadé, sur l'art. 3.

du précédent mariage. Et même alors on ne peut pas dire que l'époux donateur soit incapable, puisque, si tous ces enfants meurent avant lui, les libéralités excessives qu'il a faites à son nouvel époux sont maintenues.

En résumé, c'est seulement afin de protéger les enfants du premier lit que la disposition spéciale de l'article 1098 a été édictée ; et, pour y parvenir, on a créé en leur faveur une réserve qui en définitive est de même nature que celle fixée par l'article 913 à ce point qu'elle se confond absolument avec elle lorsque le veuf ou la veuve laisse trois enfants, le disponible étant alors du quart soit d'après l'article 913 soit d'après l'article 1098 (1).

De ce que l'article 1098 traite une question de réserve, nous concluons que comme toutes les lois de succession dont il fait partie, on doit le ranger parmi les dispositions qui composent le statut réel (2). Il en résulte que c'est seulement au décès de l'époux donateur qu'il faudra se placer pour apprécier si la prohibition du législateur a été observée, et non au moment où la donation a été faite. Si cette donation était excessive, elle ne sera pas nulle pour le tout, comme un acte fait par un incapable, mais elle pourra être réduite, conformément à l'article 920. Enfin, l'article 1098 renfermant une règle d'indisponibilité réelle, le Français n'y sera pas soumis pour les biens qu'il possède à l'étranger ; par contre, l'étranger devra s'y conformer pour ses biens situés en France.

L'enfant étranger d'un premier lit aurait le droit d'invoquer cette réserve spéciale sur les biens que son auteur possède en France, alors même que celui-ci aurait satisfait à toutes les dispositions que la loi de son pays peut

---

(1) Demolombe. *Donations*, VI, 564.
(2) Vernet. Trait. de la quot., pag. 554. — Demolombe. I, 79, 80. — Aubry et Rau. I, § 3. — Paris, 6 janvier 1862. Sir. 1862. 2, 338.

édicter en faveur des enfants issus d'un précédent mariage; c'est ce que la Cour de Paris a décidé implicitement par un arrêt du 10 janvier 1870.

Il résulte de cet arrêt, que les sommes attribuées aux enfants étrangers du premier lit, par un partage effectué préalablement au second mariage, ne sont pas soumises au rapport, si cette attribution n'a pas été faite à titre de libéralité mais en vertu d'une disposition impérative de la loi à laquelle l'époux veuf était alors soumis. Et les enfants français du second lit ne sauraient en pareil cas prélever sur les biens situés en France une portion égale à la valeur des biens ainsi attribués à ceux du premier lit, car la loi du 14 juillet 1819 n'est pas applicable (1).

En effet, cette loi suppose que parmi les valeurs dépendant d'une même succession, les unes à raison de leur situation sont distribuées selon une loi étrangère, alors que les autres sont placées sous l'empire de la loi française, et que la loi étrangère favorise les héritiers étrangers au détriment des héritiers français.

Or, dans notre hypothèse, les valeurs que les enfants étrangers du premier lit ont de plus que les enfants du second ne font pas partie de la succession ; comme nous l'avons déjà remarqué, ils ne les possèdent pas à titre de libéralité mais bien en vertu des dispositions de la loi; par suite, l'art. 2 de la loi de 1819 ne saurait être invoqué.

La défense de donner plus d'une part d'enfant au nouvel époux frappe « l'homme ou la femme qui ayant des enfants d'un autre lit contracte un second ou subséquent mariage. » Si donc la première union a été stérile, aucune règle spéciale ne limite la quotité disponible entre époux. Il en serait encore de même si tous les enfants du premier lit venaient à mourir avant leur auteur.

(1) Note sur l'arrêt du 10 janvier 1870. Sir. 1870, 2, 97.

Nous n'avons pas besoin de dire qu'il s'agit dans l'article 1098 d'enfants légitimes, puisqu'on les suppose issus d'un précédent mariage. Les enfants légitimés par mariage subséquent ayant les mêmes droits que s'ils étaient nés de ce mariage, pourront eux aussi invoquer l'article 1098 ; mais faut-il accorder la même faveur aux enfants adoptifs ? On peut être tenté de le soutenir.

L'article 350 accorde à l'adopté sur la succession de l'adoptant les mêmes droits qu'aurait l'enfant né en mariage, il jouit donc sur cette succession d'une réserve semblable à celle de l'enfant légitime. Or, que fait l'article 1098, sinon établir une réserve spéciale pour l'enfant né en mariage ? L'enfant adoptif ayant les mêmes droits que lui doit aussi en bénéficier (1).

Ce raisonnement serait juste s'il suffisait d'être enfant légitime pour venir à la réserve spéciale de l'article 1098 ; mais il faut encore que l'on soit issu d'un précédent mariage. L'adopté ne se trouve pas dans ces conditions, on ne saurait donc lui permettre de jouir de cette disposition exceptionnelle. Et puis, comme on l'a fort bien dit, la loi qui a voulu empêcher que l'adoption ne détournât du mariage, n'a certainement pas voulu être défavorable à celui qui, après avoir adopté, chercherait dans le mariage une famille naturelle plus profondément identifiée avec lui-même (2).

Remarquons que par les expressions « ayant des enfants » dont s'est servi le législateur dans l'article 1098, il faut entendre aussi les petits-enfants nés d'enfants d'un précédent mariage. Il en était ainsi sous l'ordonnance de 1560 qui s'appliquait « aux femmes ayant enfans ou enfans de

(1) Demolombe. VI, 163. — Cass. 26 avril 1808. Sir. 1808, 1, 333.
(2) Troplong. *Des donat.*, IV, 271. Aubry et Rau, 6, § 560.

leurs enfans ; » rien ne prouve que les rédacteurs du Code aient voulu innover à ce sujet (1).

Peu importe que le petit-enfant soit seulement conçu au moment où son ascendant s'est remarié, la prohibition n'en existera pas moins en vertu du principe. « Infans conceptus pro nato habetur quoties de commodis ejus agitur.»

## SECTION II

### DU DISPONIBLE FIXÉ PAR L'ARTICLE 1098

La loi apporte à l'égard du conjoint remarié une triple restriction au disponible ordinaire entre époux. Ce disponible n'est jamais que d'une part d'enfant, il n'est que de la part de l'enfant qui prend le moins dans la succession du donateur, enfin il ne peut jamais excéder le quart de cette succession. C'est là le maximum que le donateur n'est pas obligé d'atteindre, mais qu'il ne saurait dépasser.

Dans ces limites, toute espèce de donation est autorisée, peu importe qu'il s'agisse de donations de meubles, d'immeubles, d'usufruit, d'un objet déterminé, d'une somme d'argent. Le plus souvent la donation est faite dans les termes de la loi, et l'époux qui se remarie donne à son conjoint une part d'enfant.

Quelle sera la nature de cette donation ? M. Troplong lui trouve tous les caractères d'une institution contractuelle; il en conclut que l'époux donataire, qui a accepté après le décès du donateur, est tenu de toutes les dettes, à moins qu'il n'ait eu soin d'accepter sous bénéfice d'inventaire (2).

(1) Cass. 6 janvier 1845. Sir. 1845, 2, 393.
(2) Troplong. Des donat., IV, 2736.

Sans doute, dit-on dans un autre système, la donation d'une part d'enfant ressemble à une institution contractuelle, mais elle tient aussi de la donation entre vifs, parce que l'époux ne prend cette part qu'à titre de donataire et non d'héritier, comme le serait l'institué contractuellement. Telle était l'opinion de Pothier. Le donataire d'une part d'enfant, disait-il, n'est pas héritier de cette part, il ne saurait donc être tenu des dettes de la succession comme l'est un héritier, mais seulement *intra vires emolumenti*, jusqu'à concurrence de sa part (1).

La donation d'une part d'enfant participe de l'institution contractuelle en ce sens que cette part ne pourra pas être fixée avant la mort du donateur, elle deviendra donc caduque par le prédécès du donataire. Mais en serait-il encore de même si des enfants étaient nés du nouveau mariage ? Dans l'ancien droit, Renusson soutenait que ces enfants étaient substitués vulgairement à l'époux donataire (2). Cette opinion n'était pas sans doute universellement admise, car Pothier disait que les donations de part d'enfant n'étant pas favorables, il est plus sûr d'exprimer cette substitution dans le contrat de mariage.

Sous l'empire de notre législation actuelle, la question n'est plus sérieusement discutable. Seul M. Grenier prétend qu'il faut assimiler sous le rapport de la substitution vulgaire tacite la donation d'une part d'enfant à l'institution contractuelle. Il n'y a pas de motifs, dit-il, pour s'éloigner des principes de l'institution contractuelle que l'on reconnaît être de la même nature que la donation de part d'enfant.

Assurément cette assimilation peut être faite, mais il ne faut pas oublier que le code établit une différence profonde

(1) Pothier. *Du contr. de mar.*, 595.
(2) *Traité de la comm.*, IV, III, 73.

entre le cas où la donation de biens à venir provient d'un
tiers aux époux, et celui où elle a été faite par un conjoint
à l'autre. Dans la première hypothèse, l'art. 1082 autorise
la substitution vulgaire tacite, il permet au tiers « de
disposer de tout ou partie des biens qu'ils laisseront à leur
décès tant au profit des époux qu'à celui des enfants à
naître de leur mariage dans le cas où le donateur survivrait
à l'époux donataire. » Dans la seconde hypothèse la substitution est interdite par l'art. 1083. « La donation de biens
à venir faite entre époux par contrat de mariage ne sera
point transmissible aux enfants issus du mariage, lorsque
l'époux donataire est décédé avant l'époux donateur. »

Nous devons appliquer ces principes à la donation d'une
part faite par le conjoint remarié à son nouvel époux,
puisque l'art. 1098 n'a pas dérogé à ces règles, et décider
qu'elle ne sera point transmissible aux enfants nés du mariage.

Nous avons dit que le disponible entre époux ne serait
pas restreint dans le cas où tous les enfants du premier lit
seraient morts avant leur auteur ; quels seraient alors les
droits de l'époux donataire ? la donation ne sera pas augmentée si elle consistait en un corps certain ou en une
somme d'argent ; elle ne pourra non plus subir de réduction puisque les enfants du premier lit seuls avaient le
droit de la demander, elle se trouvera simplement soumise
à la réserve des enfants du second lit, et à leur défaut à
celle des ascendants.

Mais supposons que l'époux donataire ait été gratifié
d'une part d'enfant sans autre détermination ; la question
devient alors plus délicate. Lebrun décidait qu'il pouvait
prendre la totalité de la succession. Pothier soutenait au
contraire qu'ayant seulement une part d'enfant, « il n'avait
pas le droit de recueillir le total des biens, car une part

n'est pas le total » (1). Aussi préférait-il adopter l'opinion de Ricard (2) d'après laquelle la part que devait avoir le second époux donataire d'une part d'enfant était, en cas de prédécès de tous les enfants du premier lit, de la moitié de tous les biens indistinctement. Ce système était fondé sur ce que le terme « part », quand il est indéfini, se prend dans le langage ordinaire pour la moitié. « Partis appellatio, non adjecta quota, dimidia intelligitur. » Denizart cite un arrêt de 1763 qui l'avait jugé ainsi.

Selon nous, il faut pour déterminer quelle sera la part qui reviendra au donataire rechercher l'intention du dona-teur. Or, quand un conjoint remarié donne à son nouvel époux une part d'enfant, on doit supposer qu'il a voulu conformer sa volonté à la disposition de l'art. 1098 d'après lequel la part d'enfant ne peut jamais s'élever au-dessus du quart des biens. Il ne pourra donc prendre que ce quart dans le cas où tous les enfants du premier lit sont prédé-cédés (4).

Mais notre solution serait tout autre si, au lieu de grati-fier son conjoint d'une part d'enfant, le disposant lui avait laissé ce qui se trouvera disponible à sa mort. N'y a-t-il alors que des enfants du mariage actuel et aucun du lit précédent, nous croyons avec M. Marcadé que l'époux dona-taire aura le droit de prendre un quart en propriété plus un quart en usufruit. Et s'il ne restait d'enfants d'aucun lit, il recueillerait tous les biens disponibles au profit d'étrangers.

Vazeille n'admet pas la distinction que nous venons de faire, et il décide d'une manière générale que l'époux dona-

(1) Pothier. *Contr. de mar.*, 568.
(2) Part. III, n° 1281.
(3) Loi 164, § 1. D. *de verb. signif.*
(4) Troplong. IV, 2719. — Demolombe. XXIII, 590. — Aubry et Rau, VIII, § 690.

taire d'une part d'enfant doit, en cas de prédécès des
enfants du premier lit, avoir tout le disponible de la succession. La raison qu'il en donne est que le disposant, en
gratifiant son conjoint d'une part d'enfant, a voulu, autant
que cela dépendait de lui, l'assimiler à un enfant, l'appeler
par conséquent à toute la succession à défaut de réservatai·
res(1). »

Rien ne prouve que le donataire ait prévu le cas où il
mourrait sans postérité, lorsqu'il a donné à son conjoint
une part d'enfant ; bien plus, cette libéralité même a pour
base la croyance qu'il conservera les enfants qu'il a déjà.
On ne saurait donc disposer pour lui et accorder au donataire tout le disponible, alors qu'il ne l'a pas fait, quoique
celui lui fût permis. Son silence indique qu'il se soumet à
la disposition restrictive de l'art. 1098 et sa volonté doit être
respectée.

Nous avons supposé jusqu'à présent que l'époux veuf
ayant des enfants s'était remarié pour la seconde fois ; la
prohibition de l'art. 1098 s'appliquera à plus forte raison
aux cas de troisième, quatrième et subséquents mariages.
Reste à savoir si celui qui a contracté plusieurs unions
successives, alors qu'il avait des enfants d'un premier lit,
ne pourra donner à ses nouveaux conjoints qu'une part
d'enfant, ou au contraire s'il lui sera permis de disposer en
faveur de chacun d'eux, pourvu que la quotité disponible
du quart ne soit pas dépassée.

Dans l'ancien droit, la question ne faisait aucun doute.·
« Lorsqu'une femme, disait Pothier, ayant un ou plusieurs
enfants d'un premier mariage, épouse successivement plusieurs maris en second, troisième ou ultérieurs mariages,
il n'est pas nécessaire, pour qu'il y ait lieu à la réduction de
l'édit, que la donation faite à l'un desdits maris excède la

(1) Vazeille sur l'art. 1098, n° 12.

part de l'enfant le moins prenant, il suffit que toutes ces donations excèdent ensemble cette part ; car l'édit ne dit pas, *ne peuvent donner à chacun de leurs nouveaux maris* ; mais il dit, *ne peuvent donner à leurs nouveaux maris plus qu'à un de leurs enfants* ; ce qui signifie qu'elles ne peuvent donner à leurs nouveaux maris, lorsqu'elles en ont eu plusieurs, plus que l'équivalent d'une part d'enfant le moins prenant. C'est pourquoi si une femme avait donné à son second mari quelque chose qui équivalût à cette part, les donations faites aux autres seraient entièrement nulles ; ayant donné au second tout ce que la loi lui permettait de donner à ses nouveaux maris, il ne lui restait plus rien à donner aux autres (1). »

A première vue, l'art. 1098 semble consacrer un autre système. L'édit de 1568 disait : « Ne peuvent donner à *leurs nouveaux maris* plus qu'à un de leurs enfants, » et, comme nous venons de le voir, c'est précisément sur ces termes que Pothier appuyait sa doctrine. Le Code ne les a pas reproduits ; il a employé le singulier « l'homme ou la femme... ne pourra donner à son nouvel époux qu'une part d'enfant. » De cette différence dans les textes, on a conclu que la loi actuelle applique à un nouvel époux en particulier la quotité disponible que l'ordonnance appliquait aux nouveaux époux pris collectivement. Et alors le veuf ayant des enfants pourrait donner à ses nouveaux époux toute la quotité disponible ordinaire, sous la condition seulement que chacun d'eux n'eût pas au-delà d'une part d'enfant le moins prenant.

M. Duranton, qui a développé ce système, ne voit pas pour quels motifs une disposition de cette sorte ne serait point maintenue. En effet, quand un homme aura successivement donné à chacune de ses nouvelles femmes une part

(1) Pothier. *Contr. de mar.*, 566.

d'enfant le moins prenant, et que ces donations réunies ne dépasseront pas la quotité disponible de l'art. 913, quelle est la disposition de la loi qui sera violée ? Celle de l'art. 913 ? On suppose que non. Celle de l'art. 1098 ? Pas davantage, puisqu'aux termes de cet article chaque nouvel époux n'aura pas reçu plus d'une part d'enfant le moins prenant (1).

Le second système, comme le premier, repose sur la différence de réduction entre l'ordonnance de 1560 et l'art. 1098, et il en conclut aussi qu'une part d'enfant le moins prenant pourra être donnée à tous les époux successifs ; mais il adopte comme tempérament que ces donations ne devront pas excéder le quart des biens, tandis que, d'après M. Duranton, il suffisait que la quotité disponible de l'art. 913 ne fût pas dépassée. Cette interprétation résulte, dit-on, du texte même de l'art. 1098 qui porte que en aucun cas ces donations ne peuvent dépasser le quart (2).

Nous croyons que telle n'a pas été la pensée du législa-teur. Comment admettre que notre Code qui est encore plus restrictif que l'édit, puisqu'il ne permet pas de laisser à l'époux donataire plus du quart des biens, ait voulu y déroger sur cette question dans un sens extensif ? L'enfant dont l'auteur a contracté plusieurs unions successives serait donc moins protégé que si celui-ci ne s'était remarié qu'une fois ? On invoque les termes de l'art. 1098, mais cet article n'est pas aussi formel qu'on le soutient.

Si la loi ne dit point « ne pourra donner à ses nouveaux époux, » elle ne dit pas non plus « à chacun de ses nou-veaux époux ; » or, ce sont les expressions que Pothier aurait exigées pour que chacun des époux pût recevoir une part d'enfant. L'art. 1098 dit « à son nouvel époux. » S'en

(1) Duranton. IX, n. 804.
(2) Bugnet sur Pothier. VI, pag. 248. — Demante. IV, 278.

suit-il que chacun des conjoints pourra individuellement
recevoir cette part d'enfant? D'un autre côté, les mots
« sans que dans aucun cas ces donations puissent excéder
le quart des biens, » sur lesquels on s'appuie encore, n'ont
pas été ajoutés dans le but de limiter la quotité disponible
aux cas de plusieurs donations faites à des époux successifs, mais bien, comme cela résulte des travaux préparatoires, pour restreindre la quotité des donations faites au
*second* époux.

En somme, on ne saurait argumenter de la rédaction
vicieuse de l'article 1098 pour soutenir qu'il a été dérogé
à l'ordonnance de 1560, relativement au point qui nous
occupe. Il faudrait pour cela un texte précis que nous ne
trouvons pas dans cet article; nous en concluons que, aujourd'hui, sous l'empire du Code, comme autrefois sous
l'empire de l'édit, le veuf, ayant des enfants, n'a le droit de
donner à tous ses nouveaux époux ensemble qu'une part
d'enfant le moins prenant (1).

Lorsque le conjoint remarié a donné à son nouvel époux
une part d'enfant, le droit qui en résulte pour le donataire
ne pourra être fixé qu'à la mort du donateur, car c'est alors
seulement qu'on connaît quelle sera cette part.

D'après Proudhon, seuls les enfants du premier lit doivent faire nombre pour la déterminer. En effet, il prétend
que lorsque les enfants des deux lits concourent ensemble
pour recueillir la succession de leur père ou de leur mère,
il faudra procéder à deux liquidations différentes. Il y aura
alors deux masses héréditaires; sur la masse des enfants du
premier lit, l'époux donataire aura les droits déterminés
par l'article 1098; sur celle des enfants du second lit, il
pourra revendiquer la quotité disponible fixée par l'article

(1) Marcadé sur l'art. 1098. — Demolombe. XXIII, 572. — Aubry
et Rau. VII, § 690.

1094. On argumente, dans cette opinion, de l'article 1496 qui permet seulement aux enfants du premier lit d'intenter l'action en retranchement, lorsque le nouvel époux a retiré un avantage indirect des stipulations faites dans le contrat de mariage (1).

Ce système doit être rejeté, car il est purement arbitraire. Le législateur n'a pas fait la distinction qu'on lui prête ; l'article 1098 permet de laisser une part d'enfant le moins prenant au nouvel époux, mais il ne dit pas qu'il faudra seulement compter les enfants du premier lit, il suit avec raison les règles de notre ancien droit sur ce point. Et de fait, pourquoi les enfants du second lit ne feraient-ils pas nombre, est-ce qu'ils n'ont pas aussi une part dans la succession du donateur ?

Les descendants d'un enfant prédécédé doivent être comptés pour fixer la part d'enfant ; mais il s'agit de savoir dans quelle mesure. Sous l'ancienne jurisprudence, on faisait une distinction. Si le donateur laissait des enfants du premier degré en même temps que des petits-enfants, ces derniers, quel que fût leur nombre, n'étaient comptés que pour une tête ; dans le cas où tous les petits-enfants provenaient d'un enfant prédécédé, la part d'enfant était alors réductible à la part d'un petit-enfant le moins prenant, parce que chacun venait à la succession de son chef, et non plus par représentation de son père, et qu'il la partageait par tête et non par souche (2).

Aujourd'hui la question ne peut plus être discutée : en effet, il s'agit dans l'article 1098 de la détermination de la réserve et de la quotité disponible ; or, l'article 914 nous dit que, pour faire cette fixation, les descendants à quelque degré que ce soit, ne sont comptés que pour l'enfant qu'ils représentent dans la succession du déposant.

(1) Proudhon. *De l'usufruit*, I, 347.
(2) Pothier. Nos 564, 565.

Les enfants adoptifs ayant les mêmes droits que les enfants nés du mariage, devront aussi faire nombre dans le calcul dont il s'agit. Quant aux enfants qui ont renoncé à la succession ou qui ont été exclus pour cause d'indignité, on ne saurait en tenir compte, comme du reste dans tout calcul de quotité disponible et de réserve.

S'il y avait enfin des enfants naturels, on commencerait par distraire de la masse la portion de biens à laquelle ils ont droit d'après l'article 757, de manière à la faire supporter proportionnellement au nouvel époux et aux enfants légitimes.

## SECTION III

### DES AVANTAGES SUJETS A RÉDUCTION

La triple restriction établie par l'article 1098 s'étend à toute espèce de libéralités ou d'avantages que le veuf ou la veuve a conférés à son nouvel époux.

Elle s'applique aux dispositions faites par acte entre vifs comme à celles faites par testament. Peu importe que la donation soit rémunératoire, elle sera aussi sujette à réduction. Toutefois nous croyons qu'il faut dans ce cas reproduire la distinction imaginée par Pothier, et dire que si les services en récompense desquels la donation a été faite sont appréciables à prix d'argent, cette donation n'existe et par conséquent se trouve soumise à la réduction de l'article 1098 que jusqu'à concurrence de ce dont la valeur des choses données excède la valeur du prix des services. Si donc le prix des choses données n'excédait pas le prix des services, ce ne serait point une donation, mais une simple dation en paiement (1).

(1) Pothier. *Contr. de mar.*, 544.

Il en sera de même pour la donation avec charges, lorsque ces charges sont appréciables en argent. Elle ne pourra être réduite que jusqu'à concurrence de ce dont la valeur des choses données excède le prix des charges. Et ce n'est que justice, car, dans cette hypothèse, il y a plutôt un contrat *do ut des* ou *do ut facias* qu'une véritable donation.

On applique l'article 1098 même aux libéralités faites avant le contrat de mariage, mais il faut que le mariage ait été prévu lors de la donation et qu'on ait voulu se soustraire aux prescriptions de la loi. La bonne foi des nouveaux époux résultera très souvent des circonstances, par exemple : s'il s'est écoulé un temps considérable entre la donation et le mariage que le donateur a contracté avec le donataire. Cependant un court intervalle entre ces deux actes ne suffirait pas pour établir la mauvaise foi. En effet, la fraude ne se présume point, et ce sera aux enfants du premier lit à prouver que le mariage était projeté au moment de la donation.

L'effet le plus rigoureux de notre législation sur les seconds mariages est de traiter comme avantages réductibles des conventions ordinairement considérées comme faites à titre onéreux. Il en était ainsi dans l'ancien droit, et les articles 1496 et 1527 ont consacré cette exception.

« Art. 1496. — ....... Si la confusion du mobilier et des dettes opérait au profit de l'un des époux un avantage supérieur à celui qui est autorisé par l'article 1098, au titre des *Donations entre vifs et des Testaments*, les enfants du premier lit de l'autre époux auront l'action en retranchement. »

« Art. 1527. — ....... Néanmoins, dans le cas où il y aurait des enfants d'un précédent mariage, toute convention qui tendrait dans ses effets à donner à l'un des époux au-delà de la portion réglée par l'article 1098 au titre des *Donations entre vifs et des Testaments*, sera sans effet pour tout l'excédant de cette portion ; mais les simples bénéfices résultant des travaux communs et des économies faites sur les revenus respectifs, quoique inégaux des deux époux, ne sont pas considérés comme un avantage fait au préjudice des enfants du premier lit. »

Comme nous le disions, ces deux règles dérogent au principe que les avantages matrimoniaux ne sont pas considérés comme des libéralités auxquelles l'article 922 est applicable. En effet, quand deux personnes se marient, il est peu probable que les futurs époux, qui d'ordinaire espèrent avoir des enfants, rédigent leur contrat dans le but de les dépouiller au profit de l'un d'eux. Il arrivera souvent que l'un des conjoints retirera un véritable bénéfice de telle ou telle spéculation. Est-ce à dire que les enfants seront frustrés ? Assurément non, puisque, plus tard, ils retrouveront ces bénéfices dans la succession de leur auteur avantagé. Mais quand un veuf contracte un nouveau mariage, ce n'est plus la même chose. Il est à craindre qu'entraîné par la passion il favorise par trop son conjoint, et ce serait au grand préjudice des enfants du premier lit qui perdent définitivement tout ce qui passe du patrimoine de leur parent remarié dans celui du nouvel époux.

Le législateur a donc bien fait d'intervenir et d'empêcher le veuf remarié de violer la prohibition de l'art. 1098 en donnant à ces libéralités un caractère onéreux au moyen des combinaisons si variées que l'on peut faire de nos différents régimes matrimoniaux. Sans doute les dispositions restrictives que nous étudions n'existeraient point, qu'il serait toujours loisible aux intéressés d'attaquer les avantages résultant des conventions matrimoniales, comme constituant des donations déguisées ; mais à raison de la multiplicité des stipulations qui peuvent êtres faites dans un contrat de mariage, il serait souvent très difficile de prouver le dol des contractants ; la présomption des articles 1496 et 1527 supprime toutes ces difficultés.

Ces deux articles s'appliquent au cas de communauté légale comme au cas de communauté conventionnelle. On a reproché à la loi de n'avoir pas distingué entre ces deux hypothèses. En effet, si l'on craint à bon droit que les époux, en adoptant le régime de la communauté conventionnelle, aient voulu aller contre la prohibition de l'art. 1098 en faisant, au moyen de telle ou telle convention, de véritables libéralités, on ne comprend pas qu'il y ait une fraude à déjouer lorsqu'ils s'en sont rapportés à la sagesse du législateur en se soumettant au régime de la communauté légale telle que le Code lui-même la constitue.

Nous ne trouvons pas ces reproches fondés, et c'est avec raison, selon nous, que les rédacteurs du Code se sont préoccupés des avantages que le nouvel époux pouvait retirer de la communauté légale. Est-ce que sous ce régime un des époux n'arrive pas à faire à l'autre de véritables libéralités ? Supposons que le veuf qui se remarie apporte un mobilier d'une très grande valeur, lequel devient commun en vertu de l'art. 1401, tandis que l'autre époux a au contraire toute sa fortune en immeubles qui restent propres, cet époux ne sera-t-il pas gratifié, puisqu'il prendra la moitié de la communauté dans laquelle pourtant ne sera entrée aucune parcelle de sa fortune ? Le préjudice causé aux enfants du premier ne sera-t-il pas encore plus considérable si le second conjoint apporte un grand nombre de dettes mobilières qui tombent dans la communauté et quelquefois absorberont complètement le patrimoine de leur auteur ?

De ce que le législateur a établi la présomption de libéralité même au cas de communauté légale, nous concluons avec MM. Aubry et Rau que pour juger si les conventions matrimoniales faites à l'occasion d'un second ou subséquent mariage ont procuré quelque avantage aux époux, il faut faire abstraction de l'intention qui a pu présider à leur rédaction, et considérer uniquement les effets ou les conséquences réelles de leur application à la liquidation des droits respectifs des époux (1). Pour ces motifs, nous décidons que la confusion du mobilier futur et des dettes à venir des époux constitue un avantage indirect, s'il résulte de la balance entre le mobilier et les dettes des deux conjoints, que le nouvel époux profite vraiment de cette confusion.

Autrefois il n'en était ainsi que lorsqu'il s'agissait de dettes ou de mobiliers présents ; quant à l'avantage résultant du défaut de réserve de succession mobilière, il n'était pas réductible. Pothier fondait cette distinction « sur ce qu'il y a une grande différence entre le défaut de réserve de succession mobilière et le défaut de réserve de ce que l'époux veuf avait, lors de son mariage, de plus en mobilier que le second conjoint.

« Ce qu'il avait alors de plus en mobilier que son second époux était quelque chose de certain et de déterminé dont, par le défaut de réserve de propres, il se dépouillait pour le mettre en communauté. Il n'en est pas de même du défaut de réserve des successions. Ce que l'époux veuf a manqué de se réserver en ne stipulant pas par le contrat de son second mariage que les successions seraient propres, n'est pas, comme dans l'espèce précédente, quelque chose qu'il eût alors et dont il se soit dépouillé en faveur du nouvel époux. Ce n'était rien de certain, cela ne consistait qu'en des espérances incertaines. Il n'est donc pas censé, par le défaut de réserve des successions, avoir voulu faire un avantage à son conjoint (2). »

Le système de Pothier est encore soutenu de nos jours

(1) Aubry et Rau. VII, § 690.
(2) Pothier. Contr. de mar., 553.

par quelques auteurs (1) qui invoquent l'argumentation que nous venons de reproduire. Ces raisons leur semblent avoir conservé une grande valeur, et on doit d'autant plus en tenir compte, disent-ils, que le Code civil, qui n'a pas pour les secondes noces une antipathie bien marquée, n'a point aggravé les suspicions de l'ancien droit.

Indépendamment de la considération que nous faisions valoir, d'après laquelle le législateur ne se préoccupe pas de la volonté des parties afin de décider que les avantages résultant des conventions matrimoniales sont des libéralités dans le cas de second mariage, les termes mêmes de l'article 1496 suffiraient pour faire rejeter cette opinion. La loi, en effet, n'autorise point la distinction qu'on essaye de faire entre le mobilier échu aux époux pendant le mariage et celui qu'ils possédaient en se mariant ; elle décide simplement que si la confusion du mobilier opérait au profit de l'un des époux un avantage supérieur à celui qui est autorisé par l'art. 1098, les enfants du premier lit auront l'action en retranchement. En présence de ce texte si général et pourtant si explicite, n'est-ce pas le cas d'appliquer le brocard tant de fois cité : « Ubi lex non distinguit, nec nos distinguere debemus (2) ? »

Nous ne saurions énumérer toutes les conventions matrimoniales qui tombent sous la restriction de l'art. 1527; elles peuvent varier à l'infini. C'est ainsi, pour ne citer que quelques exemples, que l'avantage qui peut résulter pour le nouvel époux soit d'un ameublissement consenti par le conjoint remarié, soit de la stipulation d'un préciput ou d'une clause de partage inégal de la communauté, soit de l'établissement d'une communauté universelle, est réductible à la quotité de biens fixés par l'art. 1098.

---

(1) Toullier. XIII, 390. — Bertauld. *quest. prat. et doctr.*, 433.
(2) Caen, 21 novembre 1868. Sir. 1869, 2, 262.

Les donations mutuelles et égales faites entre époux auront le même sort. Cependant ces donations semblent plutôt être des contrats intéressés faisant partie de la classe des contrats aléatoires. Pothier en avait fait la remarque. « La femme, disait-il, en faisant à son second mari une telle donation, reçoit de lui l'équivalent de ce qu'elle lui donne. Si elle lui donne l'espérance de recueillir les biens compris dans la donation qu'elle lui fait dans le cas où il lui survivrait, elle reçoit de lui l'équivalent, par une espérance d'égale valeur qu'il lui donne de son côté de recueillir les biens compris dans la sienne dans le cas où elle lui survivrait. » Ne pourrait-on pas dire que cette espérance que les enfants du donataire acquièrent aussi, étant d'un prix égal au prix du risque, compense ce risque et les indemnise ?

Cette question pouvait être débattue sous l'empire de notre ancienne législation, aujourd'hui elle est résolue par les art. 1091, 1092 et 1093 qui rangent dans la classe des donations les avantages que les époux se font par contrat de mariage, bien que ces avantages soient réciproques et faits sous la condition de survie des donataires. D'autre part, ces articles soumettent ces donations aux modifications établies en l'art. 1094, à plus forte seront-ils sujets à la réduction de l'art. 1098.

Il résulte de ce que nous venons de dire, que l'on devra considérer comme avantage indirect et réductible, la clause par laquelle les époux conviendraient de mettre dans la communauté toutes les successions tant immobilières que mobilières qui pourrait leur échoir. La dérogation à la loi, quant aux immeubles, indique du reste assez l'intention des conjoints de se faire une libéralité.

Comme tempérament à cette règle que, dans le cas de seconds mariages, les avantages résultant des conventions matrimoniales sont soumis à l'art. 1098, il faut admettre que la réduction n'aura lieu que s'ils ne sont pas compensés par d'autres avantages dont bénéficiera l'époux remarié. C'est ainsi qu'on devra tenir compte au nouvel époux dont l'apport primitif était inégal, d'une succession avantageuse qui lui sera échue pendant le mariage.

L'inégalité des apports sera-t-elle compensée, dans l'hypothèse où le nouvel époux qui a moins apporté exerce une industrie ou professe un art procurant à la communauté des bénéfices considérables ? Pothier était d'avis, que si en général l'industrie que l'un des associés apporte à une société, lorsqu'elle est appréciable, peut être l'équivalent de ce que l'autre associé y a apporté de plus en biens, ce principe ne saurait être appliqué au cas de communauté entre époux. Il en donne pour motifs que l'estimation de l'industrie du second époux est quelque chose de trop arbitraire et de trop difficile. Et puis, à supposer que ce soit le nouveau mari qui exerce l'industrie, la femme n'en a-t-elle pas une aussi utile en s'occupant du ménage ? Comme le remarque finement notre vieux jurisconsulte, peut-être même « ce soin qu'une femme apporte à son ménage enrichira plus la communauté que les gains que fait dans l'exercice de son art ou de sa profession le second mari, qui très-souvent les dépense aussi facilement qu'il les fait (1). » En résumé, d'après l'ancienne jurisprudence, les gains que le second époux retirait de sa profession n'entraient pas en ligne de compte pour compenser un apport inégal.

Cette doctrine est encore généralement adoptée ; toutefois certains auteurs prétendent que la décision dépendra des circonstances, de l'inégalité dans les rapports comparée avec l'inégalité d'industrie et son produit plus ou moins grand, plus ou moins certain (2). On a répondu à cela que

(1) Pothier. *Du contr. de mar.*, 552.
(2) Toullier, n° 894.

les apports étant une propriété acquise à la communauté
tandis que cette communauté n'a que la jouissance des produits de l'industrie des époux, ces deux droits ne pourront
jamais être compensés, car ils ne sont pas de même nature.
Cette argumentation subtile ne nous satisfait pas complètement et il nous paraît plus simple de dire que les bénéfices résultant de la profession du second conjoint ne
sauraient contrebalancer les avantages qu'il a reçus de
l'époux remarié, puisqu'ils ne sont pas considérés eux-
mêmes comme des avantages par le législateur (art. 1527).

En effet l'action en retranchement ne peut jamais être
exercée qu'à l'occasion d'un bénéfice produit par l'inégalité
des apports en capitaux ; quant aux revenus qui tombent
dans la communauté pour en supporter les charges, ils
n'ont point le caractère de libéralité. Cette décision déjà
en vigueur dans l'ancien droit (1) a été consacrée par l'art.
1527 du code civil : « les simples bénéfices résultant des
travaux communs et des économies faites sur les revenus
respectifs, quoique inégaux des deux époux, ne sont pas
considérés comme un avantage fait au préjudice des
enfants du premier lit.

Il suit de là que la stipulation d'une communauté réduite
aux acquêts ne donnera pas ouverture à l'action en retranchement, puisque cette communauté ne comprend que
les acquêts faits par les époux ensemble ou séparément
durant le mariage, et provenant tant de l'industrie commune que des économies faites sur les fruits et revenus de
leurs propres respectifs (art. 1498). Mais la réduction
devrait être faite dans le cas où il serait convenu que le
nouvel époux prendrait une part excédant la moitié dans
les bénéfices et économies réalisées pendant le mariage (2).

(1) Pothier. *Contr. de mar.*, 552.
(2) Cass. 13 juin 1855. Sir. 1855, 1. 513.

Voilà pourquoi il a été décidé que la convention matrimo-
niale qui attribue au survivant des époux l'usufruit d'une
communauté d'acquêts constitue, lorsque l'époux prédécédé a laissé des enfants d'une première union, un avantage indirect qui doit être restreint à la portion déterminée
par l'art. 1098, alors même que les époux sont mariés sous
le régime dotal et que le survivant est le mari auquel aurait
appartenu tous les acquêts s'ils n'avaient pas été mis en
communauté (1).

De ce que l'art. 1527 déclare *sans effets pour tout l'excédant* les avantages qui dépassent la quotité disponible de
l'art. 1098, il ne faudrait pas conclure qu'ils sont nuls de
plein droit pour tout cet excédant, l'art. 1496 exige qu'une
action soit intentée. « Les enfants du premier lit, dit-il,
auront une action en retranchement. »

## SECTION IV

### DE L'ACTION EN RÉDUCTION QUI RÉSULTE DE L'ARTICLE 1098

Du moment que l'article 1098 établit une réserve spéciale
en faveur des enfants du premier lit, ces enfants n'auront
aucune action du vivant de leur auteur à raison des libéralités excessives qu'il aurait faites à son nouveau conjoint
(art. 920). Et, en effet, c'est seulement à sa mort qu'il sera
possible de connaître la quotité des biens dont il avait le
droit de disposer.

Si donc, par exemple, un époux veuf, remarié sous le
régime de la communauté, est ensuite séparé de corps
d'avec le conjoint qu'il a gratifié indirectement dans le

(1) Cass. 13 avril 1858. Sir. 1858, 1, 426.

contrat de mariage, la liquidation de la communauté devra se faire tout comme si les conventions matrimoniales n'avaient pas procuré au second époux un avantage excessif. Quant au droit de réduction accordé aux enfants du premier lit, il demeurera en suspens jusqu'au décès du donateur. Ainsi le veut l'article 920, aux termes duquel « les dispositions soit entre vifs, soit à cause de mort qui excéderont la quotité disponible, seront réductibles à cette quotité lors de l'ouverture de la succession. » C'est en s'appuyant sur ce principe qu'il a été décidé que les enfants du premier lit d'une femme qui, soumise à un conseil judiciaire, s'est remariée sans faire de contrat de mariage, étaient non recevables à intervenir dans l'instance engagée du vivant de leur mère, sur le point de savoir sous quel régime elle se trouvait mariée, et à soutenir que la soumission à la communauté légale emporterait en faveur du mari un avantage supérieur à celui autorisé par l'article 1098 (1).

Si les enfants issus du précédent mariage n'ont pas le droit de critiquer, avant le décès de leur auteur, les libéralités dont il a gratifié son conjoint, ne peuvent-ils pas au moins faire des actes conservatoires pour assurer l'exercice de leur réserve ? Est-ce que, quand un veuf a reconnu dans le contrat de mariage de sa seconde femme un apport que celle-ci n'a pas fait, et qui dépasse la quotité dont il lui était permis de disposer à son profit, l'enfant du premier lit ne pourra pas, si la séparation de biens est prononcée entre les époux, intervenir dans l'instance relative à la liquidation et exiger des garanties, ou même s'opposer à ce que cette clause reçoive son exécution ?

Dans un premier système on soutient que bien que

(1) Limoges, 27 mai 1867. Sir. 1867, 2, 337.

le droit des enfants du premier lit à l'excédant de la quotité disponible ne soit pas ouvert avant le décès de l'époux donateur, néanmoins ces enfants auront la faculté d'intervenir dans l'instance, afin de prévenir une décision qui aurait pour résultat de leur ôter toute possibilité d'exercer leurs droits.

En effet, il est de principe que l'intervention doit être permise à toute personne qui se trouverait lésée par le jugement, sans qu'il soit nécessaire que l'intervenant ait un droit actuellement ouvert; un droit conditionnel suffit. Pourquoi refuser ce bénéfice à l'enfant du premier lit? Pourquoi lui défendre de faire des actes conservatoires alors que l'article 1180 le permet au créancier conditionnel (1)?

On oublie que le droit sur la réserve spéciale de l'article 1098 n'est pas un droit conditionnel. L'époux dont les biens sont réservés peut les aliéner à titre onéreux; d'autre part, le réservataire peut mourir avant lui, et, par suite, le droit à la réduction disparaît aussi. Ce droit ne s'ouvrira donc, il n'existera vraiment qu'après le décès du donateur; mais jusqu'à ce moment l'enfant du premier lit n'a qu'une simple espérance, une *spes debitum iri* qui ne saurait motiver une intervention en justice et lui permettre de faire des actes conservatoires (2).

Cependant on ne pourrait pas l'empêcher d'intervenir dans la liquidation de la communauté, pour en surveiller les opérations; par exemple, afin de faire constater les reprises que la communauté aurait à exercer contre la seconde femme, pour la répétition du paiement de ses dettes personnelles (3).

(1) Troplong. *Contr. de mar.*, I, 134. — Cass. 27 mars 1822. Sir. 1822, 1, 345. — Grenoble, 1831. Sir. 1832, 2, 346.
(2) Aubry et Rau. VII, § 690.
(3) Riom, 9 août 1843. Sir. 1844, 2, 15.

M. Demolombe admet bien, lui aussi, que la réserve de l'article 1098 n'étant qu'un droit de succession, le futur héritier réservataire n'a aucune action du vivant de celui dont la succession pourrait éventuellement devoir la réserve. Pourtant, peu conséquent avec lui-même, il reconnaît aux tribunaux le pouvoir d'ordonner, suivant les cas, les mesures conservatoires que la situation paraîtrait exiger (1). Ce système mixte est peut-être équitable, mais il n'en doit pas moins être rejeté. Comme nous le disions, tant que la succession n'est pas ouverte, le droit à la réserve n'existe pas, l'enfant du premier lit n'a qu'une simple expectative à laquelle ne s'applique pas l'article 1180.

Pour pouvoir invoquer la prohibition de l'article 1098, les enfants du premier lit ne sont pas seulement obligés d'attendre que leur auteur soit décédé, ils doivent encore se porter héritiers. Dans l'ancien droit, il n'en était pas ainsi : l'action en réduction était attribuée à la qualité d'enfants « jure sanguinis, juré naturali; » peu importait donc que les enfants issus du précédent mariage eussent renoncé à la succession. Cette règle était observée dans les pays de droit écrit, où, suivant la loi romaine, la légitime appartenait à la qualité d'enfant, et même dans les pays de droit coutumier, où régnait pourtant la maxime « non habet legitimam nisi qui hæres est. »

Pour que les enfants, disait Pothier, puissent demander la réduction, il n'est pas nécessaire qu'ils soient héritiers de leur mère qui a fait la donation ; car leur mère ayant, par la donation qu'elle a faite à son second mari, mis hors de ses biens tout ce qui est compris dans la donation, tout ce qui y est compris ne faisant plus partie de ses biens, lors de sa mort ne se trouve pas dans sa succession. Il n'est pas

(1) Demolombe. XIX, 200.

nécessaire qu'ils viennent à sa succession pour savoir ce qui doit être retranché de la donation (1).

Cette opinion a été adoptée de nos jours par M. Troplong ; il invoque pour la soutenir ces mêmes arguments. Toutefois il distingue entre l'enfant renonçant et celui qui est indigne. Seul l'enfant renonçant pourra agir en retranchement ; quant à l'indigne, il lui refuse ce droit, car les causes qui rendent cet enfant indigne de recueillir les biens composant la succession de son auteur, le rendent également indigne de s'enrichir par réduction des biens donnés au nouvel époux, en violation de l'article 1098.

Les motifs que faisait valoir Pothier en faveur de sa théorie, et que M. Troplong reproduit à son tour, ne s'appliquent qu'aux donations entre vifs, ce qui conduirait à établir entre ces donations et les dispositions testamentaires une distinction qu'il est impossible de justifier. Du reste, quel que soit le mérite de cette opinion, d'après les principes de l'ancien droit, elle est inconciliable avec l'ensemble des dispositions du Code sur la quotité disponible et sur la réserve.

En principe, seuls les enfant du premier lit auront le droit d'exercer l'action en réduction des libéralités excessives faites par leur auteur à son nouvel époux. L'article 921 est, en effet, formel : « La réduction des dispositions entre vifs ne pourra être demandée que par ceux au profit desquels la loi fait la réserve, par leurs héritiers ou ayant-cause ; les donataires, les légataires, ni les créanciers du défunt ne pourront demander cette réduction ou en profiter. »

La plupart des auteurs appliquent cette règle en ce sens que, si au moment de l'ouverture de la succession les enfants

---

(1) Pothier. *Du contr. de mar.*, 568.
(2) Troplong. *Des donations*, IV, 2724.

du premier lit sont tous morts, indignes ou renonçants, si, en un mot, le droit d'agir en réduction ne naît pas dans leur personne où dans celle de leurs héritiers, les enfants du second mariage ne pourront en aucune manière invoquer la restriction de l'article 1098. Mais, disent-ils, si les enfants du premier lit, ayant accepté la succession, n'agissent point, ou bien, dans le cas où ils auront fait remise de leur action, ceux du second lit ne doivent point en souffrir; l'action étant ouverte, ils auront la faculté de l'exercer aussi (1).

Les partisans de ce système s'appuient tout d'abord sur l'autorité de Pothier, dont il ne font du reste que reproduire l'argumentation (2).

Ils remarquent que les enfants du second mariage profitent du bénéfice de l'action en réduction une fois exercée et ils en concluent que cette action elle-même est dans la succession, et alors si cette action est dans la succession, l'exercice aussi bien que le bénéfice appartient à tous les enfants indistinctement, puisque tous ont un droit égal sur les valeurs héréditaires. Et puis, ajoute-t-on, s'il en était autrement, les enfants du second lit pourraient se voir dépouiller par des arrangements secrets entre le donataire et les enfants du premier lit.

Assurément des collusions seront peut-être à redouter, si l'on reconnaît que les enfants issus du premier mariage seuls sont maîtres d'agir; malgré cela, nous croyons que pour se conformer aux principes de notre législation, il ne faut accorder ce droit à aucun autre. Sans doute, lorsque l'action en réduction a été exercée par les enfants du lit précédent, les autres en profiteront, mais pourquoi ? Par ce

(1) Rodière et Pont. *Du contr. de mar.*, II. — Demolombe. XXIII, 602.

(2) Pothier. *Du contr. de mar.*, 567.

motif que la réduction fera rentrer des biens dans la succession, et que cette succession se partage également entre tous les enfants du défunt de quelque lit qu'ils soient. De ce que les enfants du nouveau mariage prennent, en leur qualité d'héritiers, leur part dans les biens réduits, il ne s'en suit pas qu'ils auront le droit d'exercer l'action en retranchement. L'art. 921 s'y oppose, et en outre le législateur a pris soin de le répéter en termes exprès pour la réserve spéciale de l'art. 1098. « Les enfants du premier lit, dit-il dans l'art. 1496, auront l'action en retranchement (1). » Qu'on ne vienne donc pas soutenir en présence de ce texte si formel, et étant donnée la règle fondamentale posée dans l'art. 921, que les rédacteurs ont entendu maintenir l'ancienne jurisprudence quant au point qui nous occupe, et que cette solution est encore plus conforme aux principes de notre droit nouveau qu'elle ne pouvait l'être aux principes de l'ancien droit.

Puisque nous ne permettons pas aux enfants du second lit d'exercer l'action en réduction, à plus forte raison, nous dénions ce droit à l'époux donateur. La question ne se présente que dans le cas où les libéralités résulteraient des conventions matrimoniales, et où la communauté serait dissoute par l'effet de la séparation de corps ou de biens. Dans toutes les autres hypothèses, il est certain que le donateur ne pourra pas intenter l'action en retranchement puisqu'elle ne s'ouvre que par son décès et au profit seulement de ses héritiers.

Dans l'ancien droit, Lebrun prétendait que le conjoint qui se remarie peut lui-même demander la réduction de la communauté parcequ'elle est contre l'édit et que cette action en retranchement est ouverte toutes les fois qu'il s'agit de partager une communauté qui est illicite (2). La Cour de

(1) Marcadé, sur l'art. 1098.
(2) Lebrun. *Trait. de la comm.*, liv. III, chap. II, sect. 5, 9.

Bordeaux a reproduit cette doctrine sous le prétexte que les règles consacrées par les articles 1496 et 1527 sont établies en faveur de l'époux autant que dans l'intérêt des enfants (1). Mais la jurisprudence n'a pas voulu admettre une pareille théorie, et tout le monde est d'accord pour reconnaître que l'incapacité de recevoir de la part du nouveau conjoint, au-delà du taux fixé par la loi, n'existe que relativement aux enfants du précédent mariage, dans leur unique intérêt, et en conséquence, que la réduction ne peut pas être demandée par l'époux donateur (2).

L'action qui peut résulter de la violation de l'art. 1098 n'étant autre que l'action ordinaire en réduction que la loi a instituée pour tous les héritiers à réserve, sera régie par les mêmes principes. Elle ne saurait donc être exercée par les créanciers, légataires ou donataires de l'époux donateur. Les enfants du premier lit, leurs héritiers ou ayant-cause pourront agir à raison des libéralités excessives faites au nouveau conjoint, non-seulement contre ces époux, mais encore contre les tiers détenteurs des immeubles qui lui auraient été donnés (art. 930).

Enfin, conformément à l'art. 921, les créanciers donataires ou légataires du défunt ne profiteront pas de la réduction.

Pour juger s'il y a lieu à réduction de la libéralité faite au nouvel époux, on devra former la masse totale des biens faisant partie de la succession.

Elle se composera comme quand il s'agit de la réserve ; les biens s'estimeront de la même manière, les dépenses, les améliorations, les dettes, tout se réglera d'après le droit commun. C'est sur cette masse que l'époux, considéré comme un enfant de plus, recueillera une part virile. Il

(1) Bordeaux, 5 juillet 1824. Sir. 1824, 2, 218.
(2) Colmar, 19 février 1845. Dall. 1846, 2, 197.

nous reste à examiner en quoi consistera cette part d'enfant le moins prenant. Plusieurs hypothèses peuvent se présenter.

L'époux remarié a donné à son nouveau conjoint une part d'enfant sans avoir fait d'autres libéralités. L'opération sera bien simple ; on divisera la succession par le nombre des enfants tant du premier que du second lit, en comptant toujours l'époux comme un enfant de plus. C'est ainsi que lorsqu'il a quatre enfants, la part de l'époux sera du cinquième des biens. S'il n'y avait que deux enfants, le second conjoint devrait prendre le tiers, mais comme il ne peut pas être gratifié de plus du quart de la succession, sa part sera réduite du tiers au quart.

Le calcul deviendra plus compliqué, si en même temps qu'il gratifiait son second conjoint, le donateur a fait des libéralités à d'autres personnes. Et tout d'abord il faut remarquer que la quotité disponible de l'art. 1098 ne pourra jamais être cumulée avec la quotité disponible de l'art. 913. S'il en était autrement, il arriverait quelquefois que la réserve des enfants serait réduite à fort peu de chose et que par suite les dispositions de l'art. 913 seraient violées. Supposons en effet qu'un homme ayant deux enfants d'un d'un premier lit, contracte un nouveau marige. La réserve des enfants sera des deux tiers, il pourra donc donner un tiers à un étranger. Mais s'il donne aussi à son second conjoint une part d'enfant, cette donation diminuera d'autant les deux tiers de réserve des enfants ; que devient alors la prohibition de l'art. 913 ? Il suffit d'énoncer de telles conséquences pour en condamner le principe. Et puis la quotité disponible de l'art. 1098 est, suivant la remarque de M. Demolombe, de tous points la même, sauf seulement la mesure, que la quotité disponible de l'art. 913 ; dès qu'elle est la même, il est évident qu'il ne saurait y avoir de cumul par la raison toute simple que l'on ne peut disposer deux fois de la même chose (1).

De ce que nous venons de dire il résulte que si le disposant, lorsqu'il se remarie, a déjà épuisé par des libéralités la quotité disponible ordinaire de l'art. 913, il ne peut plus rien donner à son nouvel époux (2).

En sens inverse, lorsqu'une personne qui a trois enfants, dont deux d'un premier lit, a donné à son second époux l'usufruit de la moitié de ses biens et que cet usufruit est jugé équivalent à un quart en pleine propriété, ce donateur ne peut plus disposer de rien au profit de qui que ce soit (3).

Mais, dans le cas où la quotité disponible de l'art. 913 n'a pas été épuisée complètement, le nouvel époux peut recevoir ce qui manque pour la parfaire, à condition que cette différence n'excédera pas la limite fixée par l'art. 1098. En effet, si le cumul des quotités n'est point possible le concours peut avoir lieu. Toutefois il faut que la réunion de ces deux sortes de libéralités n'excède pas le plus fort disponible, qu'aucun donataire ne reçoive plus que son disponible propre, qu'enfin l'un des donataires ne profite pas de l'augmentation de disponible fait pour l'autre.

Supposons que ces règles n'aient pas été observées, et qu'il y ait lieu à réduction, comment devrons-nous procéder ? Il faut distinguer le cas où les deux libéralités, celle en faveur du nouvel époux et celle en faveur de l'étranger ont été faites par testament, et le cas où elles ont été faites par donations entre vifs.

1° Les libéralités ont été faites par testament. Il peut arriver d'abord que le legs dont le second conjoint a été

---

(1) Demolombe. XXIII, 566.
(2) Cass. 2 février 1819. Sir. 1819, 1, 271.
(3) Cass. 21 juillet 1821. Sir. 4, 1, 399.

gratifié excède la quotité restreinte dont l'art. 1098 permet de disposer à son profit ; il faudra en premier lieu le réduire à cette quotité ; le disponible ordinaire pourra encore être dépassé par les deux legs, mais chaque légataire n'aura rien recueilli au-delà de ce qu'il pouvait recevoir. Reste à rétablir la réserve de l'art. 913. Pour cela, certains auteurs prétendent que l'on devra suivre les règles ordinaires, et appliquer l'art. 926 d'après lequel les dispositions testamentaire doivent être réduites au marc le franc (1).

M. Colmet de Santerre rejette ce mode de calcul, parce que pour concevoir une réduction proportionnelle, il faut une mesure commune ; or, dans notre hypothèse, chaque legs a sa mesure particulière. Selon lui, on doit adopter pour base du calcul la quotité la plus faible qui est la mesure commune, sauf à faire ensuite une attribution supplémentaire au profit de celui qui pouvait recevoir la plus forte quotité et qui souffrirait d'être réduit proportionnellement sur le pied du plus faible (2). Cette manière de procéder nous semble la plus équitable, car si l'on réduisait les libéralités proportionnellement à la mesure la plus forte, le légataire qui jouit du disponible le plus fort ne serait pas mieux traité que s'il venait en concours avec un légataire ayant droit au même disponible que lui ; par contre, le second époux, qui a le disponible le plus faible, serait traité comme s'il avait le disponible le plus élevé.

2° Les libéralités sujettes à réduction ont été faites par donations entre vifs. Ce cas se subdivise, car ces libéralités ont pu être faites à des étrangers ou à des enfants du disposant.

Supposons que ce soient des enfants qui ont été gratifiés ; il faut encore distinguer s'ils ont été ou non dispensés du rapport.

(1) Demolombe. XXIII. 567.
(2) Demante et Colmet de Santerre. IV, 281 *bis*, VIII.

La donation a-t-elle été faite par préciput et se trouve-t-elle en outre antérieure à celle dont le conjoint a été avantagé ? il faudra la déduire et n'attribuer au nouvel époux qu'une part virile dans la masse, cette déduction faite. Cette solution est conforme aux principes que la plus ancienne donation diminue les droits du donataire le plus récent. Mais devra-t-elle être étendue à l'hypothèse où le conjoint a reçu une libéralité entre vifs antérieure à celle faite à l'enfant preciputaire ? On a soutenu que le principe de l'irrévocabilité des donations s'y opposait ; ce serait, dit-on, y porter atteinte que de permettre à l'époux remarié de diminuer les droits du conjoint donataire, par des libéralités postérieures. Ceci est vrai en général ; toutefois M. Colmet de Santerre observe avec beaucoup de raison que la règle de l'irrévocabilité est bien moins rigoureuse lorsqu'il s'agit de donations par contrat de mariage, le donateur peut alors faire des libéralités sous conditions potestatives (1). Celle dont le second conjoint a été gratifié ne présente-t-elle pas ce caractère, et n'est-on pas en droit dire que le donataire a seulement entendu lui conférer un avantage égal à celui qui prend le moins dans la succession, en se réservant la faculté de disposer du reste de sa fortune (2) ?

Quand les libéralités faites à l'enfant donataire n'auront pas été affranchies du rapport et ne seront que de simples avancements d'hoirie, le nouvel époux pourra en demander la réunion fictive à la masse pour le calcul de sa part d'enfant. En vain le donataire opposerait-il l'art. 857 aux termes duquel « le rapport n'est dû que par le cohéritier à son cohéritier, mais n'est pas dû aux légataires ni aux créanciers de la succession. » Le second conjoint n'exige

(1) Colmet de Santerre. IV, 278 *bis*, VII.
(2) Paris, 19 juillet 1833. Sir. 1833, 2, 397.

ni un rapport réel ni une réduction, il demande seulement
un rapport fictif afin de déterminer la quotité de biens
dont le donateur avait le droit de disposer à son profit (1).

En vertu des mêmes principes, le conjoint donataire sera
autorisé à demander la réduction des libéralités excessives
faites à des étrangers. Nous ne prétendons point par là
qu'il lui serait permis de composer sa part avec les biens
que cette action aurait fait rentrer dans la masse; mais, par
la réunion fictive du montant de cette réduction à cette
masse, il arrivera à déterminer la part qui lui revient.
Autrement, suivant une remarque fort juste, il dépendrait
du veuf ou de la veuve, qui par contrat de mariage aurait
fait au profit de son nouveau conjoint une donation ren-
fermée dans la limite du disponible spécial de l'art. 1098,
de restreindre les effets de cette donation en faisant de
nouvelles dispositions en faveur d'un de ses enfants ou
d'un étranger.

Il nous reste à examiner l'hypothèse où le donateur, en
outre de la donation faite à son nouveau conjoint, a gratifié
les étrangers d'autres libéralités. On devra observer pour
la réduction les règles prescrites par l'art. 923 qui est ainsi
conçu : « Il n'y aura jamais lieu de réduire les donations
entre vifs qu'après avoir épuisé la valeur de tous les biens
compris dans les dispositions testamentaires, et lorsqu'il y
aura lieu à cette réduction, elle se fera en commençant par
la dernière donation et ainsi de suite en remontant des
dernières aux plus anciennes. »

Si donc les donations premières en date ont été faites à
des étrangers, le nouvel époux ne pourra recevoir quelque
chose que si elles n'ont pas absorbé la quotité disponible
de l'art. 913, et encore il n'aura le droit de recueillir sur

____

(1) Troplong. IV, 270. — Aubry et Rau. VI, § 690. — Paris,
20 février 1819. Sir. 9, 2, 257.

cet excédant que le disponible spécial de l'art 1098. Dans le cas où les donations les plus anciennes ont été faites au nouvel époux et qu'elles ne dépassent pas la quotité fixée par l'art. 1098, les donataires étrangers recueillent la différence entre le disponible spécial et le disponible ordinaire; mais quels seront leurs droits si la libéralité faite au second conjoint excédait le disponible de l'art. 1098 ?

D'après un premier système, ces donataires pourront toujours réclamer la différence entre les deux quotités, sauf aux héritiers enfants du premier lit à exercer l'action en réduction contre le nouvel époux (1).

Cette décision a été très vivement attaquée.

On lui reproche de violer la loi en permettant au donataire d'exercer l'action en retranchement contre le second conjoint, alors qu'aux termes de l'art. 921 la réduction ne peut être demandée que par les héritiers. Seuls, dit-on, les enfants du premier lit peuvent agir; mais lorsqu'ils auront obtenu gain de cause, seront-ils tenus vis-à-vis des donataires postérieurs d'imputer sur la réserve les biens qu'ils viennent d'obtenir en vertu de l'action en retranchement, de telle sorte qu'en dernière analyse ces donataires en bénéficieraient ? Non assurément, car les héritiers ne tiennent pas ces biens de la libéralité du défunt, mais de la loi elle-même, ils constituent pour eux un supplément de réserve qu'on ne saurait leur enlever (2).

Il est vrai que l'art. 1098 établit un supplément de réserve en faveur des enfants du premier lit, mais seulement dans leurs rapports avec le second époux et alors que personne

(1) Demolombe, XXIII, 568. — Aubry et Rau, VII, § 690. — Toulouse, 1er février 1827. Sir. 1827, 2, 193. — Grenoble, 18 mai 1830. — Dall. 1830, 2, 295.

(2) Toullier. V, 883. — Grenier. II, 707. — Bertauld. *Revue critiq.* 1869. — Bordeaux, 2 avril 1852. Sir. 1852, 2, 530. — Caen, 24 décembre 1862. Sir. 1863, 2, 127.

ne se présente pour le réclamer. Car si la loi défend de gratifier cet époux de tout le disponible ordinaire, elle permet de le donner à un étranger, et alors nous rentrons dans le droit commun. Pour quel motif repousser ce donataire qui vient réclamer la libéralité qui lui a été faite, lors qu'elle n'excède pas le disponible ordinaire. En vain les enfants lui objecteront-ils qu'en exigeant l'exécution intégrale de la donation il demande par là même la réduction de la donation faite au nouvel époux. Comme on l'a fait justement observer, il prétend bien moins profiter de la réduction, qu'il ne cherche à conserver ce dont le défunt a pu valablement disposer en sa faveur. Quand une fois il a pu établir que la réserve des enfants n'est pas atteinte, de quoi pourront-ils se plaindre ? Quelle fin de non-recevoir opposera-t-on à cet homme qui n'est frappé d'aucune incapacité et qui se contente d'invoquer le droit commun pour n'être pas dépouillé de la donation qui lui a été valablement faite ?

M. Troplong (1) admet la théorie que nous venons de développer seulement dans le cas de l'art. 1094; il décide donc que lorsqu'un époux donne à sa future par contrat de mariage plus que ce dont il lui est permis de disposer par l'art. 1094, le retranchement sert à acquitter, dans les limites de la quotité disponible, les libéralités ultérieurement faites à des tiers par le donateur. Mais s'il s'agit d'un époux remarié qui a fait à son nouveau conjoint une libéralité excessive, le retranchement profitera exclusivement aux enfants du donateur parce qu'ils ont été sciemment oubliés et méconnus ; le conjoint coupable de cet oubli aura pour punition de les enrichir de ce dont il avait voulu les appauvrir. Cette distinction, qui est purement arbitraire, doit être rejetée.

(1) Troplong. *Des donat.*, IV, 2729.

Nous avons dit qu'il fallait appliquer à toutes les questions qui peuvent s'élever à propos de l'action en retranchement de l'art. 1098 les règles générales de la quotité disponible ordinaire. Nous en concluons que si l'époux remarié a donné à son nouveau conjoint un usufruit ou une rente viagère dont la valeur excède le disponible spécial de l'art. 1098, les enfants du premier lit pourront invoquer l'art. 917 et auront le choix ou d'exécuter cette disposition ou de faire l'abandon de la propriété de la quotité disponible.

Cette solution n'est pas universellement admise. On a soutenu que l'art. 917 est un article spécial qui ne reçoit pas son application pour la quotité disponible entre époux, et que dès lors le conjoint donataire ou légataire doit être réduit à l'usufruit de la quotité dont on pouvait disposer en pleine propriété. La Cour de Poitiers a développé cette théorie à propos de l'espèce suivante : Une femme veuve ayant des enfants s'était remariée. Son contrat de mariage portait : « Les futurs époux se font donation réciproque, le prémourant au survivant, de l'usufruit de tous les biens meubles et immeubles dont le premier mourant pourra disposer à ce titre. »

Le mari qui avait survécu demandait le quart en pleine propriété ou la moitié en usufruit ; les enfants du premier lit prétendaient qu'il avait droit au quart de l'usufruit seulement ; la Cour adopta ce second système. « Attendu que la donatrice, mère de deux enfants issus de son premier mariage, n'ayant disposé en faveur de son mari qu'à titre d'usufruit, cette disposition, si l'on consulte l'esprit et l'intention dans lesquels elle a été faite, est exclusive de toute idée du don en propriété d'une portion quelconque de ses biens et doit être limitée à la simple jouissance usufruitière du quart de la succession, seule quotité disponible aux termes de l'ait. 1098 du Code civil qui doit régir la disposition dont il s'agit (1). »

Malgré ces divergences, le système d'après lequel l'article 917 est général, et par suite doit être appliqué dans le cas de l'article 1098, a été le plus habituellement consacré (2).

Mais quand la disposition porte sur la totalité ou sur plus de la moitié en usufruit, les enfants du premier lit ne peuvent-ils pas limiter l'avantage à la moitié en usufruit par application de l'article 1094 ? La Cour de Bordeaux leur a refusé ce droit. Dans l'espèce, le défunt avait laissé la totalité en usufruit à son nouveau conjoint, et il avait deux enfants, l'un du premier lit, l'autre du second lit. La Cour obligea les héritiers à réserve à faire l'abandon du quart en pleine propriété, ou bien à exécuter la disposition en usufruit dans sa totalité (3).

Cette décision ne nous paraît point équitable. Comment admettre que l'article 1098, qui a été édicté contre le second conjoint, puisse être invoqué par lui pour améliorer sa position ? Mais s'il en était ainsi, le beau-père ou la belle-mère arriveraient à être mieux traités que le père ou la mère. En effet, s'il n'y avait pas d'enfants du premier lit, le conjoint donataire de la totalité en usufruit serait réduit à la moitié en usufruit. Et dans le cas où il y aurait des enfants du précédent mariage, il pourrait exiger la totalité de l'usufruit, à moins que les héritiers ne préfèrent lui abandonner la pleine propriété de la quotité disponible de l'article 1098 ? Une telle conséquence est inadmissible (4).

Lorsque des enfants du premier lit ont demandé et ob-

(1) Poitiers, 27 mai 1851. Sir. 1852, 2, 1.
(2) Proudhon. *De l'usufr.*, I, 346. — Benech. Quotit. dispon., pag. 440. — Troplong. *Des donat.*, 2731. — Cass. 1er avril 1844. Sir. 1844, 1, 844. — Bordeaux, 16 août 1853. Sir. 1855, 2, 755.
(3) Bordeaux, 3 juillet 1855. Sir. 1855, 2, 546.
(4) De Caqueray. Revue prat. de dr. fr., XVI, pag. 239.

tenu la réduction, les enfants du second mariage auront-ils
le droit de prendre part au retranchement? Dans les pays
de droit écrit on leur refusait cette faveur, on s'appuyait
pour cela sur la *novelle* XXII, cap. 27, où il est dit : « Quod
plus est in eo quod relictum, aut datum est, aut novercæ,
aut vitrico, ac si neque scriptum, neque relictum, aut do-
natum competit filiis ; et inter eos solos ex æquo dividitur,
ut oportet. » Dans les pays coutumiers, au contraire, on
suivait les dispositions de la loi *Quoniam* (1), et on décidait
que lorsqu'il y avait lieu à la réduction de l'édit, ce qui
était retranché devait appartenir non-seulement aux enfants des précédents mariages, mais indistinctement à tous
les enfants de la donatrice ou du donateur.

Cette jurisprudence reposait sur des motifs d'équité. On
disait qu'en excluant les enfants du second lit on établis-
sait un avantage au profit de ceux du premier. Or, suivant
la remarque de Pothier, « les biens qui sont retranchés de
la donation faite au second époux étant les biens de l'auteur commun, tous les enfants, de quelque mariage qu'ils
soient nés, étant autant à l'époux remarié les uns que les
autres, ils y doivent avoir un droit égal (2). »

Sous l'empire de notre législation actuelle, nous retrouvons la même divergence que dans l'ancien droit, à propos
des personnes qui bénéficieront du retranchement. D'après
Proudhon, l'action en réduction ayant été édictée en faveur
des enfants du premier lit, seuls ils pourront profiter de la
réduction obtenue (3). C'est se méprendre sur la portée de
l'article 1098 ; le législateur a simplement voulu prévenir
des donations excessives faites au préjudice des enfants
issus du précédent mariage, mais nous ne croyons pas qu'il

(1) Loi 9. C. *De sec. nupt.*
(2) Pothier. *Du contr. de mar.,* 567.
(3) Proudhon. *De l'usufr.,* 1, 347.

ait eu l'intention de les placer dans une situation plus favorable que celle des autres enfants. L'action en réduction
a pour objet de remettre les choses dans l'état où elles
auraient dû être sans l'excès des libéralités; or, si le donateur n'avait pas dépassé la quotité disponible, le surplus
se serait trouvé dans la succession et tous les enfants auraient eu le droit d'y prendre part. Il doit en être de même
lorsque le retranchement a été opéré.

La question que nous venons d'examiner, au sujet des
enfants du second lit, se présente à propos du second conjoint. Pothier, Ricard, s'appuyant sur la disposition de la
*novelle* XXII, cap. xxvii, soutenaient qu'il n'avait aucun
droit sur les biens retranchés; le donateur subissait ainsi
la peine de sa contravention à l'édit (1). Ce système a été
reproduit de nos jours par M. Troplong (2) qui, du reste,
invoque les mêmes arguments que les anciens jurisconsultes. Lorsque, dit-il, l'époux a contrevenu à la loi en
donnant plus qu'une part d'enfant, son conjoint, qui doit
être considéré comme complice de cette contravention,
doit en être puni, et cette peine est le retranchement de
l'excédant pour en faire tourner le profit exclusif aux enfants. M. Berthauld arrive aux mêmes conséquences, mais
en se fondant sur d'autres considérations. D'après lui les
enfants ont seuls droit aux biens réduits en vertu de
l'article 1098, parce que ces biens constituent pour eux un
supplément de réserve (3).

Cette théorie est en contradiction formelle avec l'article
1098. Aux termes de cet article, le second conjoint, donataire d'une part d'enfant, ne peut pas recevoir plus qu'une
part d'enfant le moins prenant, mais il ne doit pas rece-

(1) Pothier. *Du contr. de mar.*, 594.
(2) Troplong. *Des donat.*, IV, 2707.
(3) Bertauld. Revue critique 1869, pag. 492.

voir moins que cette part, à ce point que si l'un des enfants n'a reçu qu'une somme inférieure à sa réserve, il aura toujours droit à cette réserve, alors même que l'enfant désavantagé ne réclamerait point. Pourquoi en serait-il autrement dans notre hypothèse? Pourquoi le nouvel époux aurait-il d'autant moins que le donateur a voulu lui donner davantage? L'opinion contraire viole encore l'article 922, d'après lequel c'est sur tous les biens que l'on calcule la quotité dont le testateur a pu disposer.

En vain objecterait-on à l'époux qui demande à prendre sa part sur les biens retranchés, la disposition de l'article 921 qui défend aux légataires et donataires de profiter de la réduction. Il n'a point la prétention de bénéficier de ce retranchement; il soutient simplement qu'il ne doit pas être réduit au-dessous de la part d'enfant dont l'article 1098 permet de disposer à son égard.

## SECTION V

### SANCTION DE LA RÉSERVE DE L'ARTICLE 1098

Ce n'était pas assez pour le législateur de renfermer dans de sages limites les libéralités permises entre époux remariés; ces mesures protectrices qu'il prenait en faveur des enfants du premier lit auraient été illusoires, s'il n'avait pas encore prévenu la fraude et empêché d'éluder ses prohibitions. C'est ce qu'il a fait dans les articles 1099 et 1100. Ces articles, qui ont été inspirés par la législation romaine (loi *Hac edictali*) et par l'édit de 1560, sont ainsi conçus:

« Les époux ne peuvent se donner indirectement au-

delà de ce qui leur est permis par les dispositions ci-
dessus.

« Toute donation, ou déguisée ou faite à personnes
interposées, sera nulle (art. 1099).

« Seront réputées faites à personnes interposées, les donations de l'un des époux aux enfants ou à l'un des enfants
de l'autre époux issus d'un autre mariage, et celles faites
par le donateur aux parents dont l'autre époux sera héritier présomptif au jour de la donation, encore que ce dernier n'ait point survécu à son parent donataire (art.
1100). »

Nous n'avons pas à examiner la question qui se pose
tout d'abord de savoir si l'article 1099 est général et s'applique aux donations entre époux faites conformément à
l'article 1094, comme aux donations prévues par l'article
1098. Nous ne constatons qu'une chose, c'est que certainement les rédacteurs du Code ont eu en vue les donations
entre époux remariés, lorsqu'ils ont édicté l'article 1099.
Reste à savoir si cet article doit être étendu.

L'art. 1099 semble distinguer deux genres de donations ;
dans le premier alinéa il parle de libéralités indirectes,
dans le second de libéralités déguisées, ou faites à des
personnes interposées. Et, de fait, il y a une grande différence entre ces actes qui pourtant aboutissent au même
résultat. Les donations indirectes sont celles qui, faites
autrement que par un acte solennel de donation, se présentent ostensiblement avec leur nature de libéralité. Les
exemples en sont nombreux ; c'est ainsi que l'on peut citer
la renonciation faite par l'époux remarié à une succession
ou à un legs qu'il était appelé à recueillir de préférence à
son nouvel époux ou conjointement avec lui. Lorsqu'au
contraire, dit M. Dalloz, la libéralité a été dissimulée sous
la forme d'un acte onéreux, ou lorsqu'elle a été faite à un
autre qu'à l'époux qui doit en recueillir le bénéfice, il y a

donation déguisée ou donation à personne interposée (1).
Comme on le voit, toutes les donations déguisées ou faites
à personnes interposées constituent bien un avantage indirect dans l'acception large du mot, mais toutes les donations indirectes ne sont pas des donations dissimulées,
c'est-à-dire des donations déguisées ou faites à des personnes interposées.

Malgré les différences si caractéristiques qui existent
entre ces deux genres de libéralités, et quoique le législateur semble lui-même faire une distinction entre elles,
on soutient dans un premier système que les dernières
donations comme les premières seront seulement réductibles. Le mot *indirectement*, dont la loi se sert dans le
premier alinéa, y est pris, dit-on, dans un sens générique
qui embrasse toutes les donations non faites dans les
formes prescrites par les art. 931 et suivants. Le second
alinéa doit s'expliquer par le premier ; si donc la donation
dissimulée y est annulée, c'est seulement lorsqu'elle dépasse la quotité disponible de l'art. 1098 et pour cet
excédant. Une fois que la réduction est opérée, les enfants
du premier lit n'ont pas le droit de se plaindre puisque
leur réserve est intacte. D'un autre côté, le but du législateur qui est de sauvegarder cette réserve se trouve atteint,
et prononcer la nullité totale de la libéralité serait aller
contre ses intentions (2).

Cette théorie a été développée dans un arrêt de la Cour de
Lyon du 18 novembre 1862 dont nous allons reproduire les
principaux considérants, car on y trouve résumés tous les
arguments qu'on peut faire valoir en faveur de cette opinion.
Considérant que le code Napoléon n'a pas donné la définition

(1) Dalloz. V. *disposit.*, n° 938.
(2) Duranton, IX, 831. — Merville. Revue prat., XV, pag. 74. —
Lyon, 18 novembre 1862. Sir. 1863, 2, 51. — Orléans, 10 février
1865. Sir. 1865, 2, 168.

de la donation indirecte, ni de la donation déguisée, qu'il n'a établi aucune distinction légale entre ces donations, et qu'il n'a pas même pris soin d'expliquer si elles sont réellement distinctes l'une de l'autre; — considérant qu'il est difficile de comprendre qu'une donation indirecte ne soit pas une donation déguisée et qu'une donation déguisée ne soit pas une donation indirecte ; — considérant que les deux dispositions de l'art. 1099 sont parfaitement conciliables ; qu'il ressort évidemment de cet article, pris dans son ensemble, que la loi a voulu respecter les donations faites par un époux à son conjoint, sous quelque forme qu'elles fussent produites, mais seulement dans la limite de la faculté de disposer, et que toute libéralité qui serait faite au-delà de cette faculté fût annulée malgré tous les soins qui auraient été pris pour la déguiser ou la dissimuler, etc.... »

Il suffit de lire ces motifs sur lesquels s'appuie l'arrêt de la Cour de Lyon pour voir qu'ils ne sont pas très concluants et que quelques-uns sont mêmes inexacts. Il n'est pas vrai de dire qu'il n'y a point de différence entre les donations indirectes et les donations dissimulées, nous avons démontré qu'elles ne sauraient être confondues; d'autre part, nous avons dit que le législateur faisait une distinction entre ces deux sortes de libéralités. Pourquoi, en effet, si dans tout les cas il n'autorisait que la réduction de l'excédant, aurait-il ajouté que la donation déguisée ou faite à une personne interposée serait nulle ? En présence du texte de l'art. 1099, on est obligé de convenir que la loi établit une différence pratique entre ces deux classes de donations ; mais quelle est au juste cette différence ?

D'après M. Troplong, la donation dissimulée serait valable pour le tout quand elle ne dépasse pas la quotité disponible de l'art. 1098, et nulle pour le tout quand elle l'excède. Suivant lui, c'est seulement lorsque l'avantage

dissimulé est excessif que le déguisement prend la couleur
d'un piége, et devient un embarras. Mais quand la donation n'est pas excessive, peu importe que le législateur ait
pris une voie indirecte et déguisée pour arriver à une
libéralité qu'il pourrait faire directement et sans détour.
La forme est alors indifférente et ne saurait l'emporter sur
le fond (1).

Cette doctrine a été consacrée par un arrêt de la Cour de
cassation du 7 février 1849, qui décide qu'il est de principe
que les parties peuvent faire un choix entre plusieurs
moyens d'atteindre leur but, quand ce but est licite en
lui-même, et qu'ainsi l'interposition de personnes n'est
condamnable et ne peut même être supposée qu'autant
qu'elle a pu couvrir une fraude à la loi (2).

On objecte aux partisans de cette opinion qu'il y a une
flagrante inconséquence à vouloir qu'une donation perde
tout à coup la valeur qu'on lui reconnaît dans certaines
limites, uniquement parce que ces limites auront été dé-
passées. MM. Aubry et Rau ont voulu éviter ce reproche,
en soutenant que la donation dissimulée sera frappée de
nullité pour le tout lorsqu'elle aura été faite dans la vue
d'excéder la quotité de l'article 1098 (3). Peu importe que
cette quotité ait ou non été dépassée. On devra s'attacher
uniquement à l'intention des parties. En effet, du moment
que le donateur ne connaît pas la quotité de biens dont il
a le droit de disposer puisqu'elle ne sera fixée qu'à son
décès, il peut arriver qu'il ait voulu éluder la prohibition de
l'art. 1098, quoiqu'en fait la libéralité dont il a gratifié son
conjoint ne soit pas excessive. Par contre, trompé dans ses
conjectures, cet autre époux aura dépassé le disponible

(1) Troplong, Des donations, IV, 2744.
(2) Cassation, 7 février 1849: Sir. 1849, 1, 165.
(3) Aubry et Rau. VII, § 690.

tout en croyant rester dans les limites déterminées par la loi. Si dans ces deux hypothèses on décidait que la fraude ne peut exister que lorsque la libéralité est excessive, on annulerait des dispositions faites de bonne foi, et on maintiendrait des actes qui, en réalité, ont été passés dans le dessein de violer la loi. On doit donc laisser de côté le résultat pour rechercher le but que le donateur se proposait.

Cette distinction est purement arbitraire. D'un autre côté, la plupart du temps, il sera difficile de prouver l'intention frauduleuse du disposant. MM. Aubry et Rau l'ont bien compris ; aussi, disent-ils qu'en général elle doit se présumer toutes les fois qu'il s'agit de dispositions qui ont effectivement dépassé la quotité disponible ; mais alors ils retombent dans le système de M. Troplong, qu'ils prétendent amender.

Nous devons mentionner enfin une dernière opinion qui nous semble à la fois la plus simple et la plus juridique.

Elle se fonde sur ce que le législateur a énuméré séparérément les donations indirectes et les donations dissimulées ; elle tient compte des expressions différentes qu'il a employées à propos de chacune d'elles ; en un mot, elle donne à l'un et l'autre des paragraphes de l'art. 1099 une valeur distincte et une signification propre. Il est certain tout d'abord que les donations indirectes dont parle la loi dans le premier alinéa de l'article sont simplement réductibles à la quotité disponible entre époux remariés, mais peut-il en être de même pour les donations dissimulées auxquelles fait allusion le second paragraphe ? « Toute donation ou déguisée ou faite à des personnes interposées sera nulle. » Nous ne comprenons pas vraiment qu'on équivoque sur des termes si formels.

Lorsque la loi a voulu dire qu'une libéralité ne serait que réductible ou sujette à retranchement, elle s'est toujours servie des mots *retrancher* ou *réduire* (1). Elle ne l'a pas [fait dans le second alinéa de l'art. 1099 ; pourquoi soutenir alors que seul le droit de réduction existe dans cette hypothèse ? Déclarer une donation nulle, c'est l'annuler en totalité et non pas la réduire. Mais, nous dira-t-on, vous allez contre la pensée du législateur, ou tout au moins vous dépassez le but qu'il s'est proposé en édictant la restriction de l'art. 1098, qui est de sauvegarder les intérêts des enfants du premier lit, et non de les favoriser.

M. Marcadé a répondu à cette objection. La loi, comme il le remarque avec raison, a souverainement redouté l'influence des époux l'un sur l'autre ; elle a pensé que la simulation de l'acte onéreux et l'interposition de personnes qui sont les moyens de fraude les plus ordinaires, ne manqueraient pas d'être employées souvent et largement entre époux, et pour en enlever toute idée à ces époux et les en détourner avec plus d'efficacité, elle a énergiquement déclaré que, dans ce cas la donation resterait sans effet aucun (2).

Ce système a été adopté par un grand nombre d'auteurs (3), et à quelques exceptions près, on peut dire qu'il est aussi celui de la jurisprudence (4).

Nous avons vu que seuls les enfants du premier lit peuvent demander la réduction des donations indirectes ; en sera-t-il de même dans le cas où il s'agira de demander, aux termes de l'art. 1099, la nullité d'une donation dissimulée ? On a prétendu que le droit de proposer cette nullité n'appartenait qu'aux héritiers réservataires, et qu'il ne

(1) Vid. art. 920 à 930, 1496, 1517, 1595, etc.

(2) Marcadé, sur l'art. 1099.

(3) Colmet de Santerre. IV, n° 279 *bis*. — Demolombe. XXIII, 614.

(4) Cassat. 2 mai 1855. Sir. 1856, 1, 178. — Orléans, 23 février 1861. Sir. 1861, 2, 410. — Grenoble, 29 novembre 1862. Sir. 1863, 2, 51. — Dijon, 10 avril 1867. Sir. 1868, 2, 11.

pouvait être exercé ni par le donateur ni par ses créanciers, à moins qu'ils ne fussent antérieurs et qu'ils n'agissent en vertu de l'art. 1167.

Cette doctrine se comprend de la part de ceux pour lesquels l'action en nullité n'est qu'une aggravation pénale de l'action en réduction puisque, d'après eux, elle ne saurait être intentée que lorsque les donations dissimulées excèdent la quotité disponible de l'art. 1098. Quant à nous, nous croyons que l'action en nullité pourra être invoquée par toute personne y ayant intérêt.

En effet, cette nullité est absolue pour deux motifs, parce qu'elle provient d'un vice de forme et qu'en outre elle a été prononcée par des considérations d'ordre public, afin que le donateur ne puisse pas rendre illusoires en les éludant, les dispositions prises par le législateur dans l'intérêt des enfants du premier lit (1).

Les rédacteurs du Code tenaient tellement à ce que la prohibition de l'art. 1098 fut observée, que, pour atteindre des dissimulations coupables, ils ont préféré courir le risque de frapper des actes passés sans intention frauduleuse. Voilà pourquoi, dans l'art. 1100, ils considèrent comme libéralités faites à des personnes interposées « les donations de l'un des époux aux enfants ou à l'un des enfants de l'autre époux issus d'un autre mariage, et celles faites par le donateur aux parents dont l'autre époux sera héritier présomptif au jour de la donation, encore que ce dernier n'ait point survécu à son parent donataire. »

Comme on le voit, la loi répute personnes interposées deux classes de personnes : les enfants du second époux, et les parents dont il était héritier présomptif au moment de la donation. Par enfants, on doit entendre toute la ligne directe descendante ; de même, quoique l'art. 1100 ne parle

(1) Demolombe. XXIII, 615.

que des enfants issus d'un autre mariage, il faudrait, d'après M. Troplong, étendre la présomption d'interposition de personne au cas où la donation est faite à l'enfant naturel du conjoint du donateur (1). Quoique cette solution ait été consacrée par un arrêt de la Cour d'Amiens (2), elle nous semble inadmissible. Les termes « *enfants issus d'un autre mariage* » employés par le législateur montrent bien qu'il s'agit d'enfants légitimes ou tout au moins d'enfants qui leur sont assimilés comme les enfants légitimés ou adoptifs. En outre, il ne faut pas oublier que nous nous trouvons en présence d'une disposition exorbitante, d'une présomption légale qui frappe certaines personnes d'une incapacité de recevoir, et que toutes les présomptions légales sont de droit strict et ne sauraient être étendues.

C'est pour le même motif que nous ne considérerons pas comme libéralité faite à une personne interposée la donation dont le grand-père du second conjoint a été gratifié, alors que ce conjoint a encore son père et sa mère, car il n'est pas l'héritier présomptif de cet ascendant au jour de la donation. Et cependant on pourrait bien dire avec nos anciens auteurs que les mêmes motifs qui ont fait comprendre dans la prohibition les père et mère, militent également à l'égard des autres parents de la ligne ascendante (3), mais en matière de présomption légale, il faut s'en tenir au texte rigoureux de la loi. Tout au plus, dans notre hypothèse, l'interposition se présumera-t-elle plus facilement à l'égard d'un ascendant qu'à l'égard d'un étranger.

Nous devons remarquer en terminant que même dans le cas où la donation aurait été faite à une des personnes

(1) Troplong. IV, *des donat.*, 2754.
(2) Amiens, 22 décembre 1838. Sir. 1839, 2, 254.
(3) Pothier. *Du contr. de mar.*, 538.

énumérées dans l'art. 1100, la présomption légale d'interposition cesserait si la disposition était conçue de telle
sorte que le nouvel époux ne pût pas en bénéficier, par
exemple lorsqu'elle ne devrait être exécutée qu'après sa
mort (1).

A l'exception des personnes que la loi présume être
interposées, l'époux remarié peut disposer de ses biens en
faveur de qui bon lui semble. On a prétendu qu'il y avait
là un véritable danger pour les enfants issus du premier
mariage, et certains auteurs regrettent que le législateur
n'ait pas reproduit cette disposition du projet du Code
d'après laquelle l'époux ayant contracté une nouvelle union
était tenu de conserver aux enfants du premier lit les biens
recueillis dans la succession du conjoint prédécédé. « Certainement, dit Malleville, ce n'était pas dans la vue d'en
frustrer ses enfants, encore moins pour que le donataire les
fît passer à des enfants qu'il aurait d'un autre époux, que
le premier époux avait fait ces libéralités. D'ailleurs, les
enfants d'un premier mariage ont communément assez à
souffrir d'un second, pour que l'on accordât au moins en
dédommagement, la conservation des biens que leur père
était censé avoir mis en dépôt pour eux dans les mains de
leur mère (2). »

Nous avons vu qu'une telle règle ne pouvait être édictée
parce qu'elle était contraire à tous les principes de la législation nouvelle; ce n'est pas à dire, pour cela, que des
mesures efficaces ne sauraient être prises pour sauvegarder
le patrimoine des enfants du premier lit. C'est ainsi que
l'époux donateur est certain que ses enfants ne seront pas
dépouillés lorsqu'il ne gratifie son conjoint que d'un simple usufruit. Bien plus, il est libre d'apposer à la libéralité

(1) Caen, 13 novembre 1847. Sir. 1848, 2, 677.
(2) Malleville, II, pag. 549.

qu'il lui fait la condition de ne pas se remarier ; toutefois, cette dernière solution est loin d'être admise par tout le monde.

Dans l'ancien droit on décidait généralement qu'une condition de cette nature était illicite. « Les conditions qui tendent à empêcher la liberté de se marier, dit Ricard, ne sont d'aucune considération et n'empêchent pas que les dispositions auxquelles elles sont appliquées ne soient dues purement et simplement (1). »

Cette jurisprudence fut consacrée par le droit intermédiaire. L'art. 12 de la loi du 17 nivôse an II réputait non écrite « toute clause impérative ou prohibitive insérée dans les actes passés avant le décret du 5 septembre 1791, lorsqu'elle était contraire aux lois et aux mœurs..... lorsqu'elle gênait la liberté qu'a le légataire de se marier. »

Le Code civil est moins explicite, et le législateur se borne, dans l'art. 900, à considérer comme non écrites dans toutes dispositions entre vifs ou testamentaires, les conditions impossibles, celles qui seront contraires aux lois et aux mœurs. On a regretté avec raison qu'il n'ait pas cru devoir viser tout particulièrement, dans ce texte, la condition de ne pas se marier (2); il aurait prévenu ainsi bien des controverses dans la doctrine, car on ne compte pas moins de trois systèmes sur cette matière.

D'après une première opinion, la condition de ne pas se remarier comme du reste celle de ne pas se marier est toujours illicite. S'il en était autrement, le donataire, partagé entre une affection nouvelle qui le domine et le désir de conserver le bénéfice de la libéralité, se trouverait excité, par la charge qui lui a été imposée, à vivre dans une situation irrégulière et immorale (3).

(1) Ricard. *Dispositions conditionnelles*, n° 253.
(2) Mayjuron Lagorsse. Rev. prat. du dr. fr. 1875, pag. 92.
(3) Toullier. IV, pag. 323.

Certains auteurs trouvent ce système par trop rigoureux; d'après eux, la condition de ne pas se remarier sera valable lorsque le donateur aura laissé des enfants de son mariage, mais ils exigent que la donation soit faite par un époux à son époux (1). Nous ne nous expliquons pas cette restriction. Est-ce qu'un parent du conjoint décédé ou même un tiers, craignant que l'époux survivant n'oublie ses enfants pour nouer de nouveaux liens, ne pourra pas le retenir dans le veuvage en opposant à la libéralité qu'il lui fait la condition de ne pas se remarier? Peut-être la crainte de restituer les biens sera-t-elle le seul motif qui empêchera le donataire de contracter un second mariage; mais qu'y a-t-il là d'immoral? En quoi sera-t-il illicite de dire à une personne : vous oubliez votre époux défunt; l'affection de vos enfants ne vous suffit plus, soit, mariez-vous, mais vous renoncez alors à la libéralité que je vous ai faite.

On est allé plus loin et beaucoup soutiennent que la condition de garder viduité peut être imposée qu'il y ait ou non des enfants d'un premier mariage, et cela par n'importe quelle personne.

Nous comprenons bien qu'un époux, même quand il ne laisse point d'enfants après lui, désire que son conjoint garde éternellement son souvenir. Comme le dit M. Demolombe, chacun sent dans son âme les légitimes motifs de tendresse et de susceptibilité qui peuvent dicter une telle condition au prémourant, et combien il est juste qu'il ne veuille pas que sa libéralité serve de dot à un nouveau mariage (2). Mais quel intérêt une personne étrangère aura-t-elle à imposer cette condition? M. Troplong (3) nous l'indique; toutefois nous avouons que son explication

(1) Duranton. I, donat., 128.
(2) Demolombe. XVIII, 250.
(3) Troplong. Des donat., 1, 249.

est fort peu satisfaisante. Un homme, dit-il, peut avoir fait du mariage une triste épreuve : esprit difficile, caractère insociable, il a rendu son épouse malheureuse, et il ferait aussi certainement le désespoir de celle qu'il épouserait en secondes noces. Le testateur qui l'aime et veut le préserver d'une résolution téméraire lui impose la viduité en lui faisant un legs. C'est là une bonne et humaine disposition : elle devra être respectée.

Si l'argument n'est pas juridique, il n'en est pas moins original. Suivant nous, il faut laisser aux tribunaux un pouvoir discrétionnaire d'appréciation, et nous croyons, avec M. Labbé, que la clause de viduité ne devra être déclarée obligatoire que si le donateur a un intérêt moral, personnel, considérable à ne pas laisser celui qu'il gratifie porter son bienfait dans une autre famille, et alors qu'il souffrirait dans ses plus chères affections d'avoir en quelque sorte doté une union qui est à son égard un manque de fidélité ou de piété. C'est en invoquant ces considérations que la Cour de Montpellier a déclaré valable la condition de garder veuvage imposée par le fils à sa mère (1).

## CHAPITRE II

### Effets spéciaux au second mariage de l'homme et de la femme.

Les seconds mariages ont encore pour effet de restreindre dans une certaine mesure les droits qui découlent de la puissance paternelle ; mais la loi s'est montrée moins ri-

(1) Montpellier, 14 juillet 1858. Sir. 1859, 2, 305.

goureuse quand la nouvelle union a été contractée par un veuf.

La puissance paternelle a pour sanction, dans notre Code, le droit de correction. Ce droit peut être exercé de deux manières : ou par voie d'autorité, ou par voie de réquisition.

En principe, la détention d'autorité est permise sous trois conditions : 1° Que l'enfant ne soit pas propriétaire ; 2° Qu'il n'exerce pas un état ; 3° Qu'il ait moins de seize ans commencés. Mais lorsque le père s'est remarié, il n'aura le droit d'agir, même dans ces hypothèses, que par voie de réquisition. « Si le père est remarié, dit l'article 380, il sera tenu, pour faire détenir son enfant du premier lit, alors même qu'il serait âgé de moins de seize ans, de se conformer à l'article 377. »

Cette disposition s'explique fort bien ; les enfants du premier mariage ne sont pas en général chéris de leur marâtres, parce que souvent ils rappellent un passé désagréable. Le législateur lui-même nous l'a dit dans les travaux préparatoires : « Lorsque le père ou la mère se sont remariés, on ne leur suppose plus la même tendresse et la même impartialité (1) »

Il était à craindre que, poussé par sa nouvelle épouse, le père usât de son droit de correction avec trop de rigueur, injustement même ; la loi a donc eu raison d'accorder au président du tribunal un pouvoir d'appréciation et de le laisser juge de permettre on non la détention.

Quand le père remarié est redevenu veuf, pourra-t-il à nouveau exercer son droit de correction par voie d'autorité ? Un grand nombre d'auteurs le soutiennent. Ils font remarquer que les termes de l'article 380 supposent que le père est actuellement remarié ; c'est donc alors seulement

(1) Fenet. X, pag. 520.

qu'il sera frappé par la restriction de cet article. Mais si la seconde épouse vient à mourir, il faudra appliquer le droit commun « cessante causa, cessant effectus. »

M. Demolombe, au contraire, décide que par cela seul que le père s'est remarié, sa situation envers ses enfants a été dès ce moment changée et altérée pour toujours. D'après lui, il s'en faut de beaucoup que la mort de la nouvelle femme fasse disparaître le danger dont la sollicitude du législateur s'est préoccupée ; son influence survit encore le plus souvent dans le cœur du père, surtout s'il y a des enfants du second lit (1). Ces considérations nous semblent concluantes ; nous croyons donc que, même redevenu veuf, le père ne pourra requérir la détention des enfants issus du premier mariage que par voie de réquisition, d'autant plus qu'en se remariant il a montré que son amour pour eux était loin d'être absolu.

## SECTION I

### EFFETS SPÉCIAUX AU SECOND MARIAGE DE LA FEMME

La loi est bien plus sévère lorsqu'il s'agit du second mariage de la femme, elle lui enlève presque tous les droits de puissance paternelle, car, à raison de l'état de dépendance où elle se trouve, ce serait le nouveau mari qui, en fait, les exercerait toujours.

En premier lieu, la mère survivante qui, tant qu'elle reste veuve, peut faire détenir son enfant par voie de réquisition avec le concours de deux des plus proches parents paternels de celui-ci, perd ce droit en se remariant. Le lé-

(1) Demolombe. VI, 324.

gislateur ne le dit pas d'une manière formelle, mais c'est une conséquence que l'on tire par argument *à contrario* des mots « non remariée » qui se trouvent dans l'article 381.

« Art. 381. —. La mère survivante, *et non remariée*, ne peut faire détenir son enfant qu'avec le concours des deux plus proches parents paternels et par voie de réquisition, conformément à l'article 377. »

La question que nous venons d'examiner, à propos du père redevenu veuf, se présente aussi lorsque le second mari de la femme est décédé. Pour les mêmes motifs nous soutenons que, par le fait de son second mariage, elle sera déchue pour toujours du droit de demander la détention d'un de ses enfants du premier lit. Toutefois il existe une hypothèse où la veuve conservera l'exercice du droit de correction sur les enfants issus d'une précédente union, c'est quand elle sera leur tutrice. C'est ce qui résulte de l'article 468, d'après lequel le tuteur qui aura des sujets de mécontentement graves sur la conduite du mineur, pourra porter ses plaintes au conseil de famille, et, s'il y est autorisé, provoquer la réclusion de cet enfant. Mais il faut supposer que la tutelle ait été maintenue à la mère ; or, le conseil de famille a sur ce point un pouvoir discrétion‑naire.

Le législateur ne pouvait pas, en effet, laisser dans tous les cas cette tutelle à la mère remariée ; comme en fait le nouveau mari gouverne la famille, il était à redouter que son administration fût préjudiciable aux mineurs. D'un autre côté, si la femme s'était remariée dans l'intérêt de ses enfants, pourquoi lui enlever la tutelle ? La loi n'a point voulu établir de règle trop absolue, elle a laissé au conseil de famille le soin d'apprécier si le nouvel époux offrait toutes les garanties désirables, et le pouvoir de conserver alors la tutelle à la mère remariée, s'il le jugeait à propos. Les articles 395 et 396 s'expriment ainsi à ce sujet :

« Art 395. — Si la mère tutrice veut se remarier, elle devra, avant l'acte de mariage, convoquer le conseil de famille qui décidera si la tutelle doit lui être conservée. A défaut de cette convocation, elle perdra la tutelle de plein droit et son nouveau mari sera solidairement responsable de toutes les suites de la tutelle qu'elle aura indûment conservée. »

« Art. 396. — Lorsque le conseil de famille, dûment convoqué, conservera la tutelle à la mère, il lui donnera pour cotuteur le mari, qui deviendra solidairement responsable de la gestion postérieure au mariage. »

Deux hypothèses peuvent se présenter : la mère a convoqué le conseil de famille ; ou au contraire elle ne l'a pas convoqué :

1° La mère a convoqué le conseil de famille avant de se remarier. Dans ce cas, il est libre de lui conserver la tutelle ou de la lui enlever. S'il la lui conserve, quel sera le caractère de cette tutelle, sera-t-elle légale ou dative ? La question est intéressante parce que, à supposer que cette tutelle soit dative, les art. 454, 456 et 470 deviendront applicables et le conseil de famille aura le droit de régler la somme à laquelle devra s'élever la dépense annuelle du mineur, de déterminer la somme à laquelle commencera l'obligation d'employer l'excédant des revenus sur la dépense, enfin d'obliger la mère tutrice et le nouvel époux cotuteur à remettre au subrogé-tuteur des états de situation.

M. Demolombe soutient que cette tutelle est toujours légale; en effet, elle avait ce caractère auparavant, la mère ne l'a point perdu, et le conseil de famille ne fait que la maintenir sans la donner (1).

On a fait valoir contre ce système un argument qui nous

(1) Demolombe. VII, 133.

semble décisif. La tutelle, a-t-on dit, est essentiellement
dative à l'égard du second mari qui doit nécessairement
devenir cotuteur avec la mère tutrice ; or il est impossible
d'admettre que la tutelle, qui est une, soit régie quant à la
mère par des principes différents de ceux qui s'appliquent
au second mari (1). D'un autre côté, comment admettre
que le conseil de famille, qui a le droit d'enlever la tutelle
à la mère, ne puisse pas, en la lui conservant, la soumettre
aux conditions imposées aux tuteurs ordinaires ? Toutefois
il n'aurait pas le pouvoir de restreindre les droits inhérents
à l'autorité maternelle (2).

De ce que la femme est maintenue tutrice et le mari
nommé cotuteur, il résulte que tous les biens seront grevés
de l'hypothèque légale de l'art. 2121, mais, bien entendu, le
mari ne sera responsable que de la gestion tutélaire postérieure au mariage.

Par qui la tutelle sera-t-elle alors régie ? Certains auteurs distinguent suivant que les époux sont mariés sous tel
ou tel régime matrimonial (3). La gestion appartiendrait au
mari si le régime de communauté a été adopté, à la femme si
c'est la séparation de biens. La loi n'admet aucune distinction de ce genre, et il nous paraît plus simple de décider
avec M. Demolombe que puisque les deux époux sont solidairement responsables, ils doivent gérer ensemble et
conjointement la tutelle.

Puisque, aux termes de l'art. 396, le conseil de famille
doit nécessairement nommer cotuteur le second mari, lorsqu'il conserve la tutelle à la mère, nous en concluons que
la tutelle de cette mère expirera toutes les fois que la

(1) Aubry et Rau, I, § 99 bis.
(2) Grenoble, 11 août 1854. Sir. 1854, 2, 583. — Cass. 5 mars
1855. Sir. 1855, 1, 183.
(3) Magnin. De la tutelle, I, 458.

cotutelle du mari cessera d'exister. Autrement le mari n'aurait qu'à se faire excuser ou destituer de la tutelle, et alors il administrerait en fait la fortune des mineurs sans encourir aucune responsabilité.

Par exception à la règle que nous venons de poser, nous devons dire que le décès du mari n'enlèvera pas à la mère sa tutelle, puisqu'il lui rend au contraire son indépendance. On admet encore généralement qu'il en sera ainsi, lorsque le mari devient incapable d'être cotuteur par l'effet de l'interdiction prononcée contre lui.

Cette solution est contraire au texte de l'art. 396, mais on fait valoir qu'il y aurait une véritable inconséquence à enlever ainsi à la femme remariée la tutelle de ses enfants, alors qu'elle peut être nommée tutrice de son mari interdit (art. 507) (1). Dans tous les cas, nous n'irons point jusqu'à décider que la tutelle doit être encore laissée à la femme lorsque la séparation de corps a été prononcée contre le mari et qu'il a été destitué de sa tutelle à cause de son inconduite notoire. L'art. 396 est trop formel pour autoriser cette solution. Nous pouvons seulement regretter que le Code civil ne se soit pas expliqué sur cette hypothèse.

2° La mère n'a pas convoqué le conseil de famille avant de se remarier. Elle perd alors de plein droit la tutelle, elle ne peut plus désormais engager le mineur envers les tiers, et les actes qu'elle aura pu faire depuis son nouveau mariage ne sont pas opposables au mineur. Mais nous croyons que la nullité de ces actes ne sera que relative et proposable seulement du chef du mineur ; quant aux tiers, en traitant avec la mère en qualité de tutrice, ils lui ont reconnu cette qualité (2).

(1) Demolombe. VII, 138.
(2) Demolombe. VII, 122. — Cass. 28 mai 1823, Sir. 1824, 1, 7.

Quoique la mère qui n'a pas suivi les prescriptions de l'art. 395 perde la tutelle de plein droit, elle conserve la tutelle de fait, et par conséquent elle est responsable tant qu'un autre tuteur n'a pas été nommé.

Mais est-ce que ses immeubles continueront à être grevés de l'hypothèque légale à raison de cette gestion ? Duranton (1) décide que cette hypothèque sera éteinte du jour où la mère se sera remariée, car dès ce moment la mère cesse de plein droit d'être tutrice. En effet, l'hypothèque légale n'existe que dans les cas déterminés par la loi, or le législateur n'a pas prévu l'hypothèse que nous examinons.

On reproche à cette opinion de traiter plus favorablement la femme qui a violé la loi, que celle qui, se conformant à l'art. 595, a convoqué le conseil de famille. En outre, dit-on, vous enlevez au mineur sa garantie au moment même où elle lui devient plus nécessaire. Cela est possible, mais malgré tout, le système précédent nous semble encore préférable, car il est conforme au texte de l'art. 2115 d'après lequel l'hypothèque n'a lieu que dans les cas autorisés par la loi. Or, nulle part le législateur ne grève de ce droit les biens de ceux qui ont exercé une tutelle de fait.

Lorsque la mère remariée conserve indûment la tutelle, la loi déclare le nouveau mari solidairement responsable des suites de cette tutelle. Cette disposition est fort juste, car il est le complice de la faute que sa femme vient de commettre ; d'autre part, c'est lui qui presque toujours va prendre en main l'exercice de la tutelle. Seulement, il s'agit de savoir s'il sera responsable des suites de la gestion même antérieure au mariage. Nous ne parlerons pas des travaux préparatoires sur ce point, car ils peuvent être invoqués en faveur de l'une et l'autre opinion. La question doit donc être résolue soit à l'aide des textes du Code, soit en recherchant quelle était l'ancienne jurisprudence.

(1) Duranton, t. XIX, 312.

Autrefois il n'y avait aucune controverse à ce sujet, et tous les auteurs étaient unanimes pour décider que si la mère tutrice de ses enfants convole en secondes noces, sans leur avoir fait nommer un tuteur, rendu compte de son administration, et acquitté ou assuré ce qu'elle pouvait leur devoir, les biens du second mari seront hypothéqués envers le mineur, pour tout ce qui se trouvera leur être dû par le compte, tant pour le passé que pour l'avenir (1). Les rédacteurs du Code ont-ils adopté une solution contraire ? Nous ne le croyons point. A la vérité la loi ne dit pas expressément que le mari de la veuve qui a conservé indûment la tutelle sera responsable de la gestion antérieure au mariage, mais elle le déclare responsable d'une manière générale de toutes les suites de la tutelle, or ceci est significatif quand on remarque qu'elle a pris soin de déclarer que le mari cotuteur de la veuve à laquelle le conseil de famille a conservé la tutelle, ne sera responsable que de la gestion postérieure au mariage (2).

De ce que l'art. 395 déclare le nouveau mari de la femme, qui n'a pas convoqué le conseil de famille avant de se remarier, solidairement responsable avec elle, on a conclu que comme elle, il serait atteint par l'hypothèque légale du mineur sur les biens de son tuteur (3).

Quant à nous, qui soutenons que les biens de la mère tutrice de fait ne sont pas grevés de l'hypothèque légale, à plus forte raison donnerons-nous la même solution quand il s'agit du second mari. Et nous invoquons pour cela le même argument, c'est que l'hypothèque légale

---

(1) Domat. Lois civiles, II, 37. — Pothier. *Traité de l'hypoth.*, I, sect. 1, art. 3.

(2) Marcadé, sur l'art. 395. — Troplong. *Des hypoth.*, II, 626. — Dijon, 16 juin 1862. Sir. 1862, 2, 486.

(3) Demolombe. VII, 128.

n'existe que dans les cas expressément prévus par le législateur.

L'art. 12 du projet primitif portait que si la mère s'est remariée sans avoir convoqué le conseil de famille, la tutelle ne peut lui être conservée. (1) Cette disposition a été supprimée, la mère peut donc à nouveau être nommée tutrice de ses enfants du premier lit, mais alors, quoique Marcadé soit d'un avis contraire (2), le conseil de famille devra nécessairement nommer le second mari cotuteur. On ne comprendrait pas, en effet, que loi se soit montrée plus défiante envers la mère et son nouvel époux, lorsqu'ils ont observé ses prescriptions en convoquant le conseil de famille, que lorsqu'ils ont manqué à ce devoir.

La mère remariée et non maintenue dans la tutelle des enfants de son premier mariage ne peut pas leur choisir un tuteur (art. 399). C'est là encore une restriction de la puissance paternelle qui est très rationnelle. Comment la mère pourrait-elle conférer un droit qu'elle n'a plus elle-même ? Si elle a été maintenue tutrice, il lui sera permis alors de nommer un tuteur à ses enfants, seulement ce choix ne sera valable qu'autant qu'il sera confirmé par le conseil de famille (art. 400).

Une déchéance qui est encore spéciale au second mariage de la femme consiste dans la perte de la jouissance légale (art. 386). Cette disposition, qui a été empruntée aux anciennes coutumes, est fort sage. Si la mère remariée avait conservé son usufruit légal, il était à craindre que le nouvel époux au lieu d'employer les revenus des enfants du premier lit à leur éducation et à leur entretien, ne les affectât à son usage personnel ou à celui de ses enfants. Mais quand la mère redevient veuve, son droit de jouis-

(1) Fenet. X, pag. 572.
(2) Marcadé, sur l'art. 442.

sance lui sera-t-il rendu? On le soutient ; c'est, dit-on, seulement pendant le second mariage que les revenus des enfants du premier lit de la mère passeront dans les mains de son nouveau mari, le mariage dissous, la cause essentielle de la cessation de l'usufruit au préjudice de la veuve a disparu et alors il faut appliquer le droit commun.

Ce système est contraire au texte de l'art. 386, qui déclare d'une manière absolue « que la jouissance *cessera* à l'égard de la mère dans le cas d'un second mariage. » Le législateur prévoit en effet qu'il peut y avoir des enfants de la nouvelle union et il ne veut pas qu'ils bénéficient des revenus des biens appartenant aux enfants du premier mariage. Une telle précaution ne saurait être blâmée. Il en était du reste ainsi dans l'ancien droit à propos de *la garde*, qui n'était autre chose que l'usufruit légal des père et mère, et l'on appliquait cette maxime : « Qui est sorti de garde n'y rentre plus. »

On assimilait autrefois à la mère remariée, quant à la perte du droit d'usufruit, la mère qui vit dans un état d'impudicité notoire. Et de fait, dans cette hypothèse, les revenus des enfants seront encore bien plus détournés de leur affectation naturelle. Il est à regretter que le Code n'ait pas reproduit cette disposition, mais dans son silence on ne saurait étendre l'art. 386 au cas d'inconduite de la mère. Les déchéances sont de droit strict et ne doivent être appliquées qu'en présence d'un texte formel. Pour le même motif, nous croyons que le droit d'usufruit ne sera éteint que par un second mariage valable. En vain dira-t-on que le texte de la loi est général et ne fait pas la distinction que nous lui prêtons. Dans le doute, il faut écarter la déchéance. Et puis comment un second mariage annulé pourrait-il avoir mis fin à la jouissance légale de la mère? « *Quod nullum est, nullum producit effectum.* »

Du reste, le principe que nous venons de poser doit être

observé toutes les fois que les tribunaux ont à se prononcer au sujet des règles spéciales édictées par le législateur dans le cas de seconds mariages ; ils ne peuvent pas juger par analogie et procéder par assimilation, sinon il est impossible de dire où l'on s'arrêterait, et on en arriverait à décider, par exemple, comme cela a été soutenu récemment devant la Cour d'Alger, que la disposition de l'article 1098 restreignant la quotité de biens dont l'homme ou la femme ayant des enfants d'un premier lit peut disposer en faveur de son nouveau conjoint, doit être étendue à des libéralités faites par un homme ou une femme ayant des enfants légitimes, au profit d'une concubine ou d'un concubin (1).

Une autre conséquence de la seconde union de la femme est qu'elle ne peut plus demander des aliments à ses gendres et belles-filles (art. 206). Mais alors nous croyons, quoiqu'on ait soutenu le contraire, que ceux-ci n'auront pas le droit d'en réclamer à leur belle-mère remariée, car si la réciprocité n'est pas de l'essence même de l'obligation alimentaire, elle est au moins de sa nature.

Enfin nous devons mentionner un dernier effet du nouveau mariage de la veuve qui, loin de restreindre ses droits, les augmente au contraire. Aux termes de l'art. 1555, elle peut, avec l'autorisation de son mari, ou, sur son refus, avec permission de justice, donner ses biens dotaux pour l'établissement des enfants qu'elle aurait d'un mariage antérieur ; toutefois, si elle n'est autorisée que par justice, elle doit réserver la jouissance à son mari.

Par le mot *établissement* il faut entendre non-seulement un mariage, mais encore tout état ou condition de nature à procurer à l'enfant une existence indépendante. Tout le monde est d'accord sur ce point et l'on décide même que le

(1) Alger, 10 mars 1879. Sir. 1880, 1er cahier, 2, 8.

remplacement au service militaire rentre dans l'application de l'art. 1555 (1). Mais on discute sur la question de savoir quelle est au juste la portée du mot *donner* employé par le législateur. Quelques-uns soutiennent qu'il faut prendre ce mot dans un sens restreint (2).

D'après une opinion contraire, la plus généralement adoptée, le mot *donner* doit être pris dans son acception générale. La mère remariée pourra donc aussi bien faire une vente qu'une donation de l'immeuble dotal. D'un autre côté, s'il lui est permis de se dépouiller irrévocablement par une donation, à plus forte raison aura-t-elle le droit de consentir une hypothèque qui ne la dépouille pas du tout (3).

Nous en avons fini avec l'étude de notre législation actuelle sur les seconds mariages. Certains auteurs trouvent trop rigoureuses les mesures restrictives qu'elle édicte ; d'aucuns même prétendent qu'elles ne sont plus de notre époque. « Notre société moderne, dit M. Bertauld, n'asservit pas l'homme à un intérêt autre que le sien, en dehors des nécessités du devoir et encore du devoir auquel correspond un droit ; elle lui laisse la faculté de déployer son activité et de chercher ses conditions de bonheur partout où il ne rencontre pas l'obstacle du droit d'autrui..... Pourquoi essayerait-on d'entraver les seconds mariages ? Pourquoi le veuf et la veuve, qui pourraient ruiner leurs enfants du premier lit par des profusions au profit de passions illégitimes, ne pourraient-ils pas arrêter sans fraude, pour faciliter une nouvelle union dans laquelle la loi ne doit

(1) Caen, 19 novembre 1847. Sir. 1848, 2, 592. — Nimes, 24 mars 1851. Sir. 1854, 2, 326.

(2) Note de M. Tailhade sur un arrêt du 16 avril 1855. Sir. 1857, 2, 662. — Caen, 23 avril 1847. Sir. 1848, 2, 403.

(3) Rodière et Pont. III, 1794. — Troplong. IV. 3352. — Nimes, 7 juillet 1860. Sir. 1860, 2,341.

voir qu'une garantie contre les tentations de désordre, toutes les conventions qu'un premier mariage comporte (1) ?

Nous avons répondu à ces objections; nous avons vu qu'on ne pouvait pas, sans un grand danger, pour les enfants {du premier lit, laisser à l'époux remarié l'entière disposition de sa fortune ; on ne saurait reprocher aux rédacteurs du Code d'avoir voulu prévenir les inconvénients des nouveaux mariages en les règlementant par des lois sages, que l'expérience de plusieurs siècles avaient consacrées. Sans doute il est nécessaire qu'un législateur respecte la liberté de chacun, mais il doit aussi venir au secours de celui qui ne peut se défendre lui-même ; il doit toujours protéger le faible et sauvegarder sa personne et ses intérêts.

(1) *Questions doctrinales.*

# POSITIONS

## Droit romain.

I. — Dans le droit classique, le délai de viduité était imposé
à la femme par un sentiment de convenance et
pour éviter une *turbatio sanguinis*.

II. — L'infamie prononcée contre la femme consistait
dans l'incapacité de contracter un mariage
conforme aux prescriptions de la loi *Julia*.

III. — Le mariage contracté par une femme notée d'infamie
n'était pas nul, mais il ne mettait point les époux
à l'abri des déchéances prononcées par les lois
caducaires.

IV. — L'inaliénabilité du fonds dotal a été introduite dans
le but de favoriser les secondes unions.

V. — C'est pour le même motif que la loi *Julia* a défendu
au mari de restituer la dot pendant le mariage.

## Droit civil.

I. — Dans tous les cas, l'époux absent est seul recevable à
demander la nullité du second mariage con-
tracté par son conjoint.

II. — Les enfants adoptifs de l'enfant remarié ne peuvent
point se prévaloir de la prohibition de l'art. 1098.

III. — Quand le second époux a été gratifié d'une libéralité qui excède la quotité disponible fixée par
l'art. 1098, les donataires postérieurs ont
toujours le droit de demander la différence
entre ce disponible spécial et le disponible
ordinaire.

IV. — L'art. 1099 distingue entre les libéralités indirectes
et les libéralités déguisées ou faites à des personnes interposées ; les premières sont sujettes
à réduction les autres sont nulles dans tous les
cas.

V. — Le mari de la veuve qui conserve indûment la tutelle est responsable de la gestion antérieure au
mariage.

### Droit commercial.

I. — Le débitant de tabac n'est pas un commerçant.

II. — Le fait, pour le gérant d'une société en commandite,
d'avoir appliqué les fonds sociaux à ses affaires
propres et personnelles, ne constitue pas l'abus
de confiance prévu par l'art. 408 du code pénal.

### Droit pénal.

I. — La nullité du premier mariage opposé par un accusé
de bigamie forme une exception préjudicielle
qui doit être jugée par les tribunaux civils.

II. — Il n'y a pas, sur ce point, à faire de différence entre
les nullités relatives et les nullités absolues.

### Droit des gens.

I. — L'étranger, même non autorisé à résider en France,
a le droit d'invoquer la loi du 10 vendém. an IV,
lorsque, par l'effet d'un attroupement ou ras-
semblement, il a souffert un dommage soit
dans sa personne soit dans ses propriétés.

II. — L'étranger légalement divorcé ne peut pas se remarier en France.

## Droit administratif.

I. — Les diocèses constituent des personnes morales.

II. — Pour se soustraire à la responsabilité édictée par la loi du 10 vendém. an IV, il ne suffit pas que la commune démontre qu'elle a fait tout ce qui était en son pouvoir afin de prévenir les désordres, elle doit prouver en outre que ces désordres sont l'œuvre d'individus qui lui sont étrangers.

Vu : *Le Président de la Thèse :*

G. TROUILLER.

u : *Le Doyen,*

A. GUEYMARD.

Vu et permis d'imprimer :

Le *Directeur de l'Académie,*

CH. DREYSS.

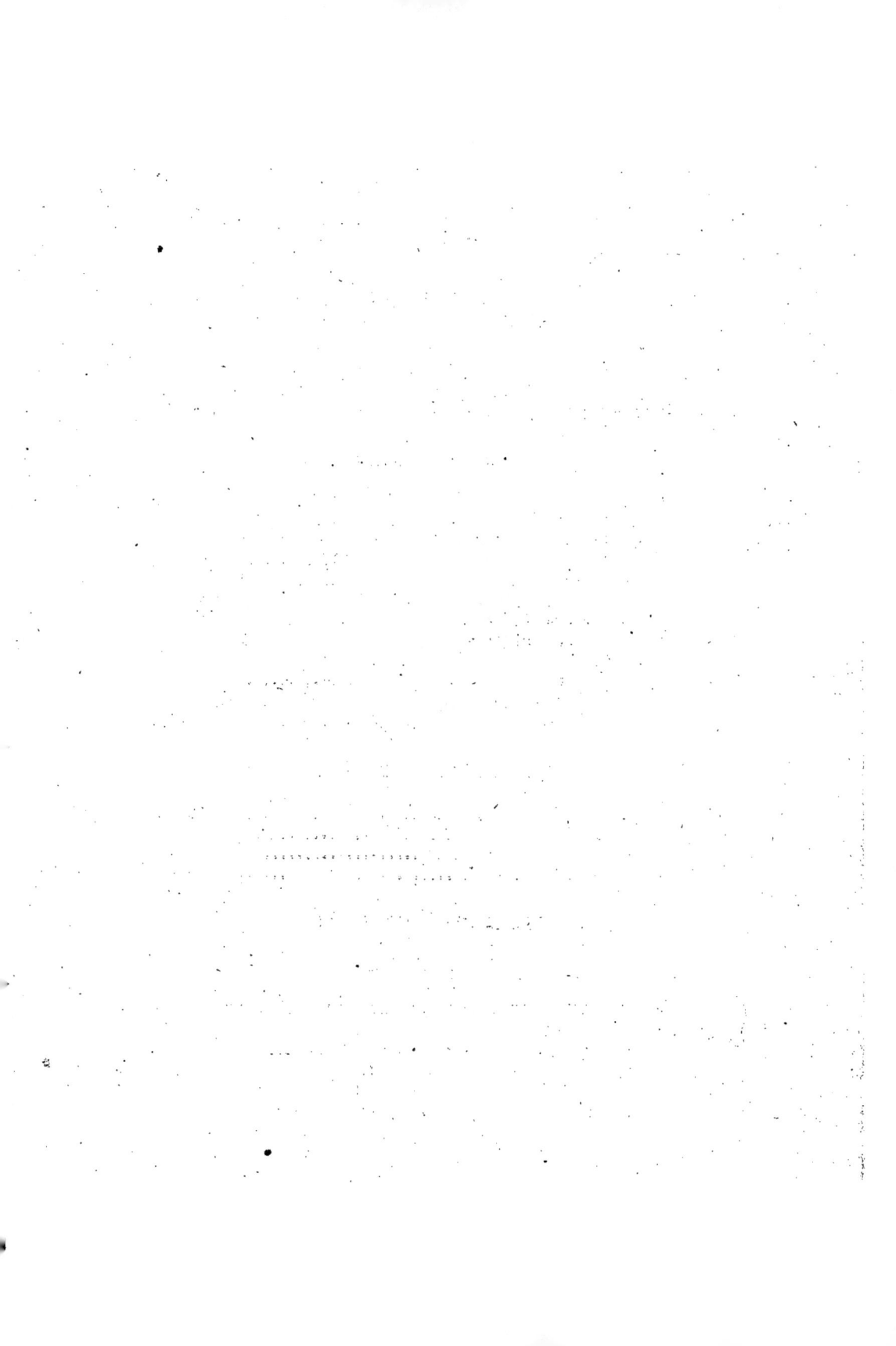

# TABLE DES MATIÈRES

## SECONDE PARTIE

DES MESURES DE PROTECTION PRISES DANS L'INTÉRÊT DES ENFANTS
ISSUS D'UN PRÉCÉDENT MARIAGE.

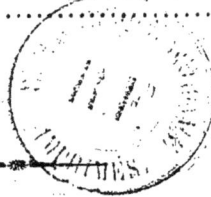

Lyon. — Imp. J. GALLET, rue de la Poulaillerie, 2.